Relatos de um Preto-Velho

A História de Vida do Pai Barnabé

Carlos Casimiro

Relatos de um Preto-Velho
A História de Vida do Pai Barnabé

© 2021, Madras Editora Ltda.

Editor:
Wagner Veneziani Costa (*in memoriam*)

Produção e Capa:
Equipe Técnica Madras

Revisão:
Neuza Rosa
Arlete Genari
Jaci Albuquerque de Paula

Dados Internacionais de Catalogação na Publicação (CIP)
(Câmara Brasileira do Livro, SP, Brasil)

Casimiro, Carlos
Relatos de um preto-velho: a história de vida do pai Barnabé/Carlos Casimiro. – 2. ed. – São Paulo: Madras Editora, 2021.

ISBN: 978-85-370-1048-8

1. Romance brasileiro 2. Umbanda (Culto) I. Título.

17-01490   CDD-299.672

Índices para catálogo sistemático:
1. Romance mediúnico : Umbanda 299.672

Proibida a reprodução total ou parcial desta obra, de qualquer forma ou por qualquer meio eletrônico, mecânico, inclusive por meio de processos xerográficos, incluindo ainda o uso da internet, sem a permissão expressa da Madras Editora, na pessoa de seu editor (Lei nº 9.610, de 19/2/1998).

Todos os direitos desta edição reservados pela

MADRAS EDITORA LTDA.
Rua Paulo Gonçalves, 88 – Santana
CEP: 02403-020 – São Paulo/SP
Caixa Postal: 12183 – CEP: 02013-970 – SP
Tel.: (11) 2281-5555　(11) 98128-7754
www.madras.com.br

Agradecimentos

Agradeço ao nosso Pai Olorum e ao Pai Oxalá, por terem permitido que eu encontrasse o caminho da Umbanda. Hoje sei que tudo acontece por intermédio deles e do nosso merecimento.

Agradeço aos Orixás, Guias e Guardiões protetores que me acompanham, pelo conhecimento dado, pela proteção e sustentação em todos os trabalhos e em minha vida. Agradeço aos Orixás, Guias e Guardiões protetores da Tenda de Umbanda Ogum Beira Mar e Pai João de Mina, por me darem conhecimento, sabedoria e sustentação em todos os trabalhos, desde que iniciei na casa.

Agradeço à minha família e também aos dirigentes espirituais, mestres e médiuns da Tenda de Umbanda Ogum Beira Mar e Pai João de Mina, por todo apoio e incentivo nessa jornada.

ÍNDICE

Palavras do Autor 9
Prefácio 11
Sobre o Guia 13
Triste separação 15
A fuga 20
O primeiro culto aos Orixás 22
Primeira ajuda. A cura 27
O novo Feitor 33
De volta ao engenho 38
A perda de um grande amigo 40
O fim do açoite. Meu último encontro com o Feitor 42
O fim da minha escravidão 46
Uma ajuda inesperada 49
Uma grande surpresa. Um lugar de paz 51
Triste notícia 61
A Iniciação ao Orixá da Cura e das Passagens 66
O último culto de Joaquim em carne 73
O desencarne de Joaquim 78
Precisava continuar 82
Palavras do Autor 85
Fim... Para um novo começo 86
O último culto na carne 87
O desencarne 90
Um novo começo 91
Aprendendo com um Ser de Luz 99
Aprendendo a vida na carne 106
Estava no caminho certo 107
Aprendendo e evoluindo no Plano Espiritual 111

Primeira missão: a evolução continua 115
Da Terra ao Plano Espiritual..125
Primeira chamada. A despedida..130
Novo lar, novos conhecimentos..133
Um homem em desequilíbrio 138
A vida em carne revelada 142
Feliz por ter feito a escolha certa 146
De volta ao culto aos Orixás 149
Nunca perdi a fé...151
Início dos trabalhos na Sagrada Umbanda 155
Diálogo com o autor 157

Palavras do autor

Depois de muitas pesquisas sem sucesso, resolvi pedir auxílio espiritual para saber um pouco da história desse Preto-Velho que vem me ajudando desde o início do meu desenvolvimento. No começo, não obtive respostas, mas, com o passar do tempo, ele foi aos poucos contando o que passou quando esteve na carne.

Quando os Pretos-Velhos se apresentavam em nossos trabalhos, às terças-feiras, eu aproveitava para conversar com ele e este era um dos vários momentos em que me contava partes de sua passagem na Terra. Por intermédio dele pude escrever esta linda história de vida, sendo que todo mérito do conteúdo deste livro pertence única e exclusivamente ao Pai Barnabé, a quem agradeço por ter me usado como instrumento para contar uma pequena parte de sua passagem na carne e em espírito.

Prefácio

Caro leitor, ao ler este livro, você estará entrando em um mundo real de sofrimento, amor, fé e aprendizado. Será que o sofrimento que passamos hoje é suficiente para perdemos nossa fé em Deus? O que dói mais em nossa alma? Agressões físicas ou saber que, depois de tantos anos tentando agir dentro da lei, lutar contra nossos próprios pensamentos para não desejar ou fazer o mal ao próximo, e depois de todo esforço feito, nos vermos jogados em meio a uma estrada deserta, sem saber se estamos em carne ou em espírito e sem saber se Deus está olhando por nós? Assim foi a vida de um homem chamado Barnabé, que fora feito escravo por volta de seus dez anos de idade, mas com sua fé, amor a Deus e ao próximo, foi regido pela força do Orixá Obaluaiê, e hoje, trabalha na linha dos Pretos-Velhos na Umbanda. Neste livro, ele narra sua vida desde muito jovem, conta um pouco do que passou quando foi levado ainda criança para servir como escravo em um engenho, a ajuda que teve dos negros mais antigos, uma grande amizade com um escravo chamado Joaquim, o qual fora para Barnabé seu grande mentor encarnado. Ele conta também sobre o aprendizado da magia das ervas, sua primeira ajuda por intermédio do Orixá da Cura, todo o sofrimento que passou durante o tempo que ali permaneceu, o primeiro e o último encontro com o açoite e os dias que passou sozinho quando fora jogado em uma estrada deserta, tendo como teto apenas as noites claras e o sol para iluminar, já sem saber se ainda estava em carne ou se já estava no estado de espírito. Quando achou que não havia mais esperanças, eis que olha para o Céu e vê um sinal e, após adormecer, ainda sem saber seu real estado, Barnabé tem uma grande surpresa e, a partir daí, surgem novos conhecimentos e aprendizados.

A segunda parte desta linda história irá prender você ainda mais, pois nela ele narra seu desencarne, o sentimento que teve ao despertar e ver que estava em um lugar diferente de onde morou por anos, seus aprendizados no Plano Espiritual, suas missões em espírito, o sentimento ao ver sua vida em carne revelada e suas passagens, até chegar onde hoje se encontra... Na sagrada Aruanda.

Sobre o Guia

Pai Barnabé é um Preto-Velho que, assim como muitos, foi separado de seus pais ainda muito novo, passou por sofrimentos e humilhações, porém nunca deixou de ter amor no coração e confiar no Criador Maior e nos Orixás.

Soube aproveitar todos os ensinamentos que a ele foram dados, aprendeu a magia e a cura com as ervas. Hoje ele faz a caridade na Umbanda, e na sua imensa sabedoria, vem nos trazendo um pouco de paz de espírito, conhecimento, alegria, pureza, amor e humildade.

Tenha uma boa leitura!

PARTE 1
A VIDA NA CARNE

Triste separação

"Se desejarem o mal, o mal estará ao vosso lado; se desejarem o bem, a paz os acolherá."

O que vou historiar aconteceu no decorrer do século XVIII, entre meu encarne, desencarne e encaminhamento para o Plano Espiritual.

Meus pais eram negros, talvez isso tenha feito com que minha tristeza fosse menor, em vista dos que nasceram de conjunção carnal forçada entre homens brancos e mulheres negras. Muitos desses filhos eram tratados como bastardos e foram desprezados pelos senhores dos engenhos e suas famílias.

Ainda pequeno, fui levado com meus pais para um lugar distante de onde nasci. Ali passava o dia ajudando meu pai nos trabalhos realizados e voltava com ele para junto de minha mãe no fim do dia. Depois de alguns anos, meu pai foi separado de nós e levado para trabalhar em outro local.

Fiquei com minha mãe até meus dez anos. Quando não estava ao lado dela, ficava com outras crianças que viviam no mesmo lugar.

Não consegui carregar em minha memória tudo o que vivi e vi ali. As poucas coisas que tenho na lembrança eram de homens negros trabalhando por todos os lados. Lembro-me também de que muitos deles sofriam agressões por parte de outros homens e, em razão desses maus-tratos, vi muitos morrerem; já outros, por não aguentarem tanto sofrimento, tiraram a própria vida.

Minha mãe trabalhava na casa do dono daquele local. Além de cuidar da alimentação dos moradores, ela tinha de manter as roupas limpas e arrumadas.

Eu passava quase toda parte do tempo ao lado dela; ela também via o sofrimento daquelas pessoas. Dentre tantos os sofrimentos que víamos, acredito que o que trazia mais angústia a ela era ver as mulheres que entravam em desespero por verem seus companheiros e filhos sendo agredidos e torturados, pessoas trabalhando arduamente debaixo de sol, maus-tratos... Dentre tantas outras coisas que não me cabe contar aqui.

Na esperança de encontrar um lugar onde não veria tanto sofrimento, minha mãe tentou fugir comigo, mas o máximo que conseguiu foi ficar um dia fora daquele local, até ser encontrada por homens que trabalhavam como caçadores de escravos e, como castigo, ser acorrentada por alguns dias.

Quando eu estava com aproximadamente doze anos, fui separado de minha mãe e levado para outra cidade. Acredito que essa separação foi em decorrência de sua tentativa de fuga. Ela apenas queria evitar que seu filho sofresse as mesmas torturas e humilhações que muitos ali sofriam, mas o que eu iria passar longe dela não seria diferente do que se tivéssemos ficado juntos.

Cheguei à nova cidade quando já era noite, fui entregue aos cuidados de outra família, onde senti não ser bem recebido. Dormi em um quarto isolado, mais precisamente do lado de fora e, nesse quarto, havia alguns homens e algumas mulheres acorrentados... Coincidência ou não... Todos eram negros.

Ao amanhecer, todos foram colocados em carroças. Cada uma partiu para um destino.

Os homens responsáveis pelos negros que estavam na mesma carroça em que eu estava iam deixando em alguns pontos da cidade homens e mulheres que pareciam ser negociados. Fui o último a chegar ao meu destino... Levaram-me para um engenho.

Assim que cheguei, fiquei assustado com as cenas que vi. Crianças e homens trabalhando arduamente, crianças aparentemente com a mesma idade que a minha e alguns homens mais velhos trabalhando junto delas. Alguns eram pais e filhos, outros estavam ali por obra do destino ou por terem sido separados de suas famílias.

Depois de algum tempo olhando para aquela triste cena, entendi o motivo de terem me levado para aquele engenho.

Desci da carroça e fiquei olhando para aquela cena por um bom tempo; estava estagnado com tudo o que vi. Não sei exatamente por quanto tempo fiquei a observar, meus pensamentos iam longe. *"O que irão fazer comigo neste lugar? Qual será meu destino? Será que mereço o que irá acontecer comigo?"*. Assim pensei naquele momento e foi aí que meus pensamentos foram interrompidos por uma voz que disse:

– Vamos! – era o homem que vigiava os negros que ali trabalhavam. Ele era conhecido como um dos feitores do dono daquela imensa área.

O Feitor levou-me em direção aos outros que estavam trabalhando e entregou-me a um negro mais velho. Este, por sua vez, levou-me para o meio da plantação e mostrou-me o que eu deveria fazer. Disse-me que precisaria encher os sacos com as canas que eram tiradas das plantações e colocá-los em uma carroça.

Eu não sabia para onde iria aquela carroça, mas enquanto ela não voltava, minha obrigação era arrancar e ajudar a retirar os matos, as canas e colocá-las nos sacos, até que ela voltasse.

Depois de encher a primeira carroça, esta partiu para seu destino. O Feitor ficou próximo, bem abaixo da sombra de uma árvore. Dali ficava nos vigiando.

O negro, que havia designado qual seria minha função, trabalhava de cabeça baixa e, às vezes, olhava para o Feitor. Cheguei a pensar que ele queria de alguma forma atacá-lo, mas não era isso. Estava aguardando um momento de distração, para que pudesse dizer-me algo.

Como viu que o Feitor não desviava seu olhar, ele preferiu agir de outra forma e, com uma voz à meia altura, virou-se para mim e disse:

– Ei, você! Preciso que me ajude daquele outro lado! Temos muito o que tirar dali!

Quando olhei para o lado que ele apontava, fiquei com medo. Ali havia uma enorme plantação de cana e alguns matos em volta. A plantação tinha uma altura que podia cobrir um homem adulto e eu não tinha metade do tamanho dele.

– Vamos! Acompanhem-me – disse o negro mais velho para dois escravos que estavam próximos.

Ficamos na parte de trás da plantação, longe do alcance dos olhos do Feitor. Ali, ele começaria a me ajudar com suas orientações... Era o início de uma grande amizade.

A fim de não despertar a atenção do Feitor, ele orientou os dois que estavam próximos a nós:

– Preciso que vocês dois mexam nessas canas e tirem algumas, enquanto falo rapidamente com ele.

Quando eles começaram a mexer nos matos e retirar as canas, ele se ajoelhou para ficar à minha altura e, olhando em meus olhos, conversou rapidamente:

— Desculpe-me ter chamado você daquela forma, mas eu precisava falar e não podia ser na frente dele – apontou na direção onde estava o Feitor.

— Não tem problema, senhor – disse a ele.

— Qual seu nome, amiguinho?

— Barnabé.

— Eu me chamo Joaquim! Prazer em conhecê-lo, Barnabé.

— Prazer, senhor Joaquim.

— Vou dizer-lhe algo muito importante e quero que prestes muita atenção! ... Já notou que somos as únicas pessoas da cor negra que estamos trabalhando aqui, certo?

— Sim, senhor. De onde vim via as mesmas coisas, mas não consigo entender o porquê disso. Meu pai trabalhava muito, quase não tinha tempo para descansar. Sempre que eu perguntava o motivo de tanto trabalho, ele respondia a mesma coisa: dizia que o trabalho engrandece o homem.

— E de fato ele tinha razão, meu amiguinho! Engrandece mesmo! Porém, existem algumas coisas que você precisa saber para que sofra o menos possível neste local... Nunca deixe o homem que nos vigia lhe ver parado, não converse com outros durante o trabalho. Se estiver com sede, fale comigo, darei um jeito para lhe trazerem água. Se estiver com fome, terá de esperar a hora certa para comer. Faça isso e sofrerá menos aqui, essa é a verdade! Por mais que façamos, sempre iremos sofrer; porém, se escutar o que lhe digo, sofrerá menos... Você me entendeu?

— Sim, senhor Joaquim – respondi com minhas mãos para trás.

— Não me chame de senhor! Pode me chamar de amigo ou de irmão, ou pelo meu nome, se assim quiser.

— Sim, amigo Joaquim.

— Muito bem! Agora vamos trabalhar.

Com o passar dos anos os trabalhos foram aumentando, entre estes estavam plantação de cana, café, carregar sacos, drenar terrenos para plantação, construções das casas dos senhores e de senzalas, onde os próprios negros seriam aprisionados e acorrentados.

Como o serviço era muito pesado, alguns negros não aguentavam, desfaleciam no meio do trabalho. Em decorrência do cansaço, alguns deles se negavam a trabalhar ou o faziam com pouca pressa por estarem muito fracos e, diante de tais atos, esses negros eram levados para celas ou para o tronco do suplício.

    Comigo não foi diferente; nem sempre estava bem-disposto para as tarefas. Trabalhava sempre pensando no porquê de todo aquele sofrimento, tanto comigo como com os outros negros. Por que fui tirado de perto de meus pais tão cedo? Eu sempre fazia essa pergunta a mim mesmo e, como não obtinha respostas, a mágoa dentro do meu peito aumentava e isso fazia com que eu tivesse pensamentos que não estavam de acordo com a Lei Divina.

A FUGA

Depois de alguns anos de trabalho, eu já não aguentava tanto sofrimento. Queria sair daquele local, mas não sabia para onde ir; eu queria me livrar de tudo aquilo. Foi aí que tomei uma decisão e resolvi fugir. Mas não consegui ir muito longe; fui capturado e tive nesse dia meu primeiro encontro com o açoite.

Após ser castigado, fui levado inconsciente e acorrentado em um galpão que eu mesmo ajudei a construir e ali fiquei por três dias.

Além do sofrimento e ter que ficar acorrentado, humilhações eram constantes naquele engenho. Alguns homens se divertiam ao deixarem um punhado de comida próximo a mim e, como eu estava acorrentado, tinha de arrumar uma forma para alcançar a comida e, em consequência do esforço que fazia, algumas vezes, partes das minhas pernas ficavam cortadas, e quando eu estava com sede, a água era jogada próximo de onde eu estava e, se não quisesse morrer, tinha de dar um jeito para beber, mesmo se ela estivesse no chão.

Sofri muito naquele local. Inúmeras foram as vezes que fui ao encontro do açoite, e não posso negar que, de tanto sofrimento e mágoa, sentimentos ruins consumiam meus pensamentos, algumas vezes chegando a desejar o mal para os que maltratavam os negros.

Com o passar dos tempos, fui adquirindo experiência de vida com os negros mais velhos, Joaquim era um desses. Eles me ensinaram que, por mais árduo que fossem os trabalhos, por mais dolorosas as torturas, não devíamos nunca desejar o mal àqueles homens, pois, se agiam de tal forma, era porque alguém acima deles os ordenava e tinham de cumprir tais tarefas. Mas também existiam aqueles que o faziam apenas pelo prazer de ver o sofrimento dos negros.

Entre tantas coisas que Joaquim e os mais velhos ensinaram-me, uma das mais importantes era não desejar o mal ao próximo, porque a justiça pertencia somente ao Criador Maior e Ele olhava todos nossos atos, tanto físicos como mentais.

Joaquim sempre me ensinou a buscar ao Criador, primeiro pedindo perdão pelos nossos atos, pois não sabíamos por que estávamos passando por todo aquele sofrimento: se era apenas pelo fato de sermos mais um negro entre tantos ou se devíamos algo de vidas passadas e estávamos quitando partes dos nossos débitos com a Lei Divina.

Os escravos daquele engenho não tinham muito tempo livre. O tempo que tinham, procuravam buscar ao Criador e aos Orixás por meio de cultos.

O primeiro culto aos Orixás

Tempo para descanso era apenas um dia naquele engenho e, nesse dia, o dono permitia que os escravos descansassem e realizassem práticas religiosas, mas tínhamos de seguir a mesma crença que a dele.

Em uma das noites de descanso, alguns escravos que trabalhavam no engenho estavam reunindo-se para iniciar o culto aos Orixás; Joaquim estava entre eles e, como sempre, fiquei um pouco distante.

Eu nunca havia participado dos cultos praticados por eles, mas quando tudo estava pronto, Joaquim veio ao meu encontro para incentivar-me.

– Barnabé, quer se juntar a nós? Iremos fazer nosso culto!... Louvar e agradecer aos nossos Orixás!

– Obrigado, meu amigo! Vou ficar apenas observando.

Joaquim ficou olhando em meus olhos por algum tempo e em seguida disse:

– Não vai conseguir fugir do seu destino, Barnabé! Farei com que veja a verdade de sua missão, mesmo que leve toda minha vida – e voltou para iniciar o culto.

Eu não recusei o convite por não gostar do que eles faziam. O motivo era que sentia medo, pois já vi alguns sendo maltratados por praticarem tais atos e, quando isso acontecia, era às escondidas.

Algumas semanas depois, Joaquim convidou-me novamente para o culto e, após pensar por um tempo, aceitei o convite, afinal, aquele era o único momento em que via a plena felicidade na face de todos eles.

Eu aprendi a cultuar os Orixás com Joaquim e com os outros negros mais velhos e, a partir do primeiro culto, comecei a participar de todos, mesmo que eu não estivesse naquele engenho, pois alguns escravos eram ofertados para outros senhores como forma de empréstimo e, sempre que ocorria comigo, procurava um jeito de continuar a cultuar os Orixás com os outros escravos.

Nos dias de cultos, não fazíamos referências aos Orixás e sim aos santos das igrejas católicas. Isso porque a igreja e os senhores donos dos escravos proibiam esse tipo de culto, pois, para eles, eram tidos como magia negra, ritos pagãos ou criminosos.

Para que fosse possível realizarmos nossos cultos, era preciso ter os santos das igrejas e usá-los como referência. Sabíamos que seríamos punidos, caso chamássemos algum santo da igreja pelos nomes dos Orixás, pois não era assim que os santos eram cultuados nas igrejas católicas. A imagem que para eles representava Jesus, para nós representava Oxalá e, desta forma, conseguíamos fazer nossos cultos.

Com o passar do tempo, comecei a presenciar coisas milagrosas no engenho. Algumas pessoas que ficavam doentes, em consequência dos ferimentos causados pelas torturas dos senhores feitores, eram curadas por negros mais velhos e Joaquim era um desses curadores. Eu ficava impressionado com os atos de cura e, sempre que podia, os acompanhava.

Joaquim era considerado pelos outros como milagreiro, por isso era muito respeitado pelo dono do engenho e eu queria aprender a magia da cura para ser como ele.

Ele e os mais velhos me ensinaram que as curas não vinham deles, mas sim do Criador Maior e do Orixá Pai das curas. Joaquim sempre dizia que eles eram apenas instrumentos, que serviam como intermediários, um instrumento físico que, por meio do Criador e do Orixá da cura, eram usados para esses atos de caridade.

Antes de qualquer ato de cura, eles levantavam as mãos para o céu pedindo auxílio do Criador maior e do Orixá da cura, a fim de que os auxiliassem naquele momento, para que pudessem ajudar aos que necessitavam. Após esse breve ritual, pegavam uma vasilha com água, algumas ervas e faziam preces. No início, eu não os compreendia, mas, com o passar do tempo, fui aprendendo e isso aumentava minha vontade em querer ajudar.

Joaquim tinha grande experiência com magias e curas; isso me impressionava cada vez mais e, com o passar dos anos, minha admiração pela cura só aumentava e, em uma de nossas noites de culto, fiquei observando Joaquim. A forma como ele se preparava para iniciar, os sinais que fazia em direção às imagens e a forma como manipulava as ervas. Sim, eu queria ser como ele, queria aprender a curar e decidi que iria falar naquela mesma noite.

Quando terminou o culto, me aproximei de Joaquim, mas fiquei quieto, não sabia o que perguntar e também se teria a capacidade de ser como ele. Mas Joaquim percebeu que eu queria falar algo e, vendo que eu estava calado, ele mesmo tomou a iniciativa.

– Deseja fazer alguma pergunta, Barnabé?

– Sim, meu amigo!... Como posso ajudar da mesma forma que você ajuda as pessoas doentes? Gostaria de aprender tais atos.

– Primeiro você precisa ter humildade para entender que tais curas não vêm de você ou de nós, e sim do Orixá... Nosso Pai da Cura. Segundo: nem todo ritual de cura pode sair da forma que desejamos. Tudo acontece conforme a vontade da Lei Maior e não adianta lutar contra essa lei, pois o destino de cada um já está traçado por ela. Terceiro e o mais importante: você precisa ter fé! Essa é a base de tudo, Barnabé.

"Eu ainda não entendia tudo sobre os Orixás, mas sabia que cada um deles possuía suas forças e podíamos sempre recorrer a eles quando precisássemos, clamar por eles nos momentos de dor e tristeza para o nosso auxílio."

Fiquei pensando por algum tempo em como juntar tudo o que Joaquim disse para se tornar um curador: humildade, fé e a incerteza da cura e, no meio desses meus pensamentos, Joaquim interrompeu-me.

– Você pensa demais, Barnabé! Por acaso está com dúvidas ou vendo alguma dificuldade em ser humilde e ter fé para reconhecer que tais atos de curas não vêm de nós, mas sim dos Orixás por intermédio do Criador? Ou está pensando em se enaltecer com tais atos?

– Não, meu amigo! – exclamei. – Não tenho por que me enaltecer! O tempo que estou convivendo com todos aqui foi suficiente para notar a grande humildade de muitos. Sempre estão ajudando e nunca pedindo nada em troca e, quando pedem alguma coisa, é apenas para que a pessoa tenha fé no Criador Maior.

– A fé é a base de tudo, Barnabé!

Novamente fiquei em silêncio por mais um tempo. Naquele momento eu pensava: *"Mesmo com tantos sofrimentos, eles sempre estão buscando ao Criador Maior e cultuando os Orixás... Joaquim está certo... A fé é a base de tudo".*

– Continua a pensar, Barnabé? – Joaquim indagou-me.

– Só estou impressionado com vossa fé e a de muitos que vivem aqui. Mesmo com tantos problemas, tantas dificuldades, ainda assim são felizes e, às vezes, parecem que vivem em outro mundo distante deste em que vivemos... Um mundo sem sofrimento.

– Diga-me, Barnabé... Do que adiantaria vivermos tristes e desconsolados? Iria mudar algo em nossas vidas?

– Acredito que não.

– Nós já sofremos muito aqui! O único tempo que temos livre usamos para buscar ao Criador, conhecer mais sobre suas criações, aprender um pouco mais sobre a vida no Plano Espiritual, aprender mais com os Seres de Luz e tantas outras coisas boas que eles podem nos oferecer.

– O que seria essa vida no Plano Espiritual, meu amigo?

– Você quer aprender a magia da cura ou sobre o Plano Espiritual?

– Gostaria de aprender os dois. Já ouvi outros amigos comentarem sobre.

– Uma coisa de cada vez, Barnabé! Quando queremos aprender tudo, acabamos por não aprender nada!... Não adianta você construir uma carroça se não tem domínio sobre o cavalo que irá puxá-la!

– Tens razão, meu amigo. Acredito que haverá bastante tempo mesmo... Primeiro gostaria de aprender sobre a cura e a magia das ervas. Depois, sobre a vida no Plano Espiritual.

– Vou lhe explicar o segredo básico de cada erva, Barnabé, e, com o passar do tempo, você mesmo irá descobrindo seus mistérios e segredos a fundo.

Durante muito tempo, Joaquim foi me ensinando os segredos e magias das ervas. Ao longo de dois anos, eu já sabia quase todos os segredos, o significado de cada uma delas, a diferença entre banhá-las em água corrente ou parada e as formas de evocações que deveriam ser feitas aos Orixás na hora da cura.

Depois de aprender um pouco das magias das ervas, fui procurar saber um pouco sobre o Plano Espiritual. Joaquim me ensinou que, após o desencarne, nossos espíritos iam para outros planos: o Plano de Luz que está entre o céu e a Terra ou para a escuridão.

Ele me ensinou que, no Plano de Luz, não existia o sofrimento que passávamos como escravos, não havia feitores ou açoite para sermos castigados ou galpões para sermos acorrentados. Nesse plano, nossos caminhos seriam trilhados por nós mesmos, sempre respeitando a Lei Maior. Continuaríamos a aprender mais sobre os Orixás e ajudar pessoas que ainda estavam na carne, se assim fosse a vontade do Criador.

Já ao plano da escuridão, geralmente iam as pessoas que fizeram coisas ruins na Terra, que violaram a Lei Divina e ficaram em débito com ela. Nesse plano, eles iriam pagar por seus erros, mas teriam o direito de se redimir e ganhar o perdão do Criador e evoluir para trilhar novos caminhos, porém, tudo dentro do tempo ordenado pela lei.

Algum tempo depois de aprender sobre a magia das ervas e um pouco sobre o Plano Espiritual, estava chegando o dia de colocar o aprendizado da cura em prática... Eu não esperava por isso.

Primeira ajuda. A cura

Em um dia de culto aos Orixás, eu e alguns escravos estávamos trabalhando em outra parte do engenho, onde seria uma lavoura. Como era distante, foi construído um galpão para passarmos as noites e voltarmos ao trabalho no dia seguinte.

Já ia anoitecendo, tudo estava preparado para iniciar nosso culto, quando fomos interrompidos pelo Feitor. Ele trazia um dos escravos do engenho que fora entregue a ele por outro homem.

Nosso amigo estava muito ferido, fora castigado e ficou durante o dia todo acorrentado por não atender às ordens do senhor do engenho, mas, mesmo sendo castigado, o dono ordenou que ele fosse ao culto, pois essas eram as ordens dos padres das igrejas católicas... Todos tinham o direito a práticas religiosas, e o dono do engenho tinha a obrigação de aceitar.

Nosso amigo tinha muitas feridas e cortes em seu corpo e, para que essas não ficassem expostas ao solo, juntamos algumas folhas de matos e montamos uma espécie de cama para deitá-lo ao nosso lado.

O Feitor ficou um pouco distante do local em que realizamos nosso culto, mas de onde ele estava dava para ver todos nossos atos. Mesmo assim fizemos nosso culto como de costume e procuramos aguardar ele tirar os olhos de nós para que pudéssemos agir... Não com violência contra ele, mas sim pela vida do nosso amigo.

Assim que o Feitor se distraiu, Joaquim pediu que eu fosse buscar algumas ervas para passar nas feridas de nosso amigo. Joaquim conhecia muito bem aquela região, trabalhara muito por ali, sabia onde estava cada uma delas.

"*Em alguns lugares próximos do engenho havia muitas ervas. Sempre que éramos levados para esses locais onde elas estavam, recolhíamos boa porção para utilizar como remédio de cura. Para nossos senhores, as ervas eram apenas usadas como chá, que nos dava energia física para os trabalhos, porém, para nós, além de chá, eram usadas para cura."*

Durante nosso culto, o Feitor afastou-se. Assim como muitos, ele também achava estranha nossa forma de cultuar, mas não podia impedir, porque era lei e as imagens que eram usadas faziam referência às das igrejas católicas.

Quando percebeu que o Feitor não nos olhava com tanto afinco, Joaquim virou para mim e disse:

– Barnabé, preciso que apanhe algumas ervas que estão daquele lado – ele apontou a direção. – Enquanto você as procura, ficaremos aqui tomando conta do nosso irmão e pedindo por ele.

– Como saberei qual erva é a correta, Joaquim?! – perguntei aflito.

– Ora, Barnabé! Escute vossa intuição. Eu acredito em você, porém, não adiantará nada se você mesmo não crê que será capaz. Vá à caça, meu amigo! Acredite no Criador e nos Orixás. Eles irão lhe ajudar! Basta confiar em sua intuição na hora da busca.

Entendi o recado, tinha apenas que confiar em mim, nos Orixás e no Criador.

Saí à procura das ervas; não iria adiantar querer fugir, já havia tentado uma vez e sofri as consequências.

Depois de aproximadamente uma hora, encontrei um local que tinha uma porção delas. Naquele momento fechei meus olhos e, de joelhos, orei ao Criador e aos Orixás. Pedi a eles que guiassem minhas mãos para que pudesse colher a erva certa para a cura do nosso irmão e, ainda de olhos fechados, apanhei um bom punhado delas e as guardei.

Logo ao lado das ervas havia uma nascente de água pura e cristalina. Joaquim não havia pedido água, mas alguma coisa dizia-me que precisava levá-la. Apanhei um pouco dela em minha bolsa e voltei correndo ao encontro de Joaquim e dos outros. Se algum caçador de escravos me encontrasse, poderia achar que eu estava tentando fugir e o castigo seria doloroso, e, entre a fuga e sofrer as consequências, muitos negros permaneciam em seus locais; achavam melhor não fugir para não serem castigados.

Cheguei à lavoura ofegante. O medo de perder um irmão ou de sofrer um castigo fez com que não me cansasse de correr.

Ao adentrar, vi que todos estavam em volta do nosso amigo ferido e, ao notar que ele não respirava, comecei a chorar.

– Por que está chorando, Barnabé?! – era Joaquim quem me indagava.

Ajoelhei-me e não consegui controlar minha tristeza; achei que ele estava morto, pois tinha demorado muito para trazer as ervas.

Ao mesmo tempo em que eu chorava, pedia em pensamento perdão ao Criador por não ter voltado a tempo com as ervas para evitar a morte de nosso irmão e, no meio dessa minha silenciosa prece, fui interrompido por Joaquim.

– Por que acha que ele está morto, Barnabé?! Quem lhe disse que ele morreu?! – Joaquim indagou-me de forma séria.

– Como sabe que eu estava pensando isso?! – perguntei assustado.

– Li seus pensamentos, Barnabé! Quando uma pessoa está com o sentimento muito abalado, ela fica mais vulnerável a qualquer tipo de magia e isso acontece em razão do desequilíbrio... Não foi difícil ler seu mental no estado em que se encontra.

Sim, além de curador, ele tinha o dom de sentir o que outras pessoas sentiam ou até mesmo de ler os pensamentos.

– Se ele não está morto... Por que está como se estivesse? – perguntei a Joaquim.

– Ele não está morto, Barnabé! Só está adormecido! Ele estava muito agitado, e como não conseguimos acalmá-lo, fizemos uma prece ao Orixá das almas e pedimos que acalmasse o espírito de nosso irmão para que não ficasse tão agitado, pois talvez não seja a hora de ele partir. Vamos, pare de chorar, ele só está adormecido, o Senhor das Almas está irradiando sobre ele. Agora, acalme-se e mostre-me o que trouxe.

Entreguei as ervas e a bolsa com água e, ao ver tudo o que apanhei, pude ver a expressão de felicidade de Joaquim.

– Além das ervas, também trouxe água? – Joaquim ficou surpreso.

– Sim! Achei que seria muito útil.

– Muito bem, meu filho! Já está começando a acreditar mais em você e a confiar em suas intuições: – disse sorrindo, e concluiu – Vamos! Ajoelhe-se ao meu lado.

Ainda soluçando, ajoelhei-me ao lado de Joaquim... Chegara o momento de colocar em prática os ensinamentos que ele havia me passado.

– Chegou o dia de mostrar o que aprendeu sobre as ervas nesses últimos dois anos, Barnabé! Irá tratar das feridas de nosso irmão.

– Mas nunca fiz isso! Não sei se tenho tal capacidade! – eu estava com medo.

– Por acaso tem dúvidas da força do Orixá da cura?

– Não é isso! Apenas estou dizendo que nunca curei alguém e não sei como fazer.

– Para tudo existe uma primeira vez, Barnabé! Se não tentar, irão passar anos e anos e você vai dizer sempre a mesma coisa.

Eu estava um pouco nervoso, mesmo assim escutei os conselhos de Joaquim e comecei a fazer preces em nome de nosso amigo que estava ferido. Em minha prece pedia ajuda ao Criador e ao Orixá da cura, para que me guiassem. Naquele momento senti uma força envolvendo meu corpo, ela corria em direção aos meus braços.

Comecei a passar as ervas com água em suas feridas; ele gritava de dor, mas os gritos estavam sendo abafados, porque haviam amordaçado sua boca.

A dor foi tão intensa que ele desmaiou. Eu fiquei com medo, achei que ele havia partido.

O tempo passava, demorava a voltar sua consciência. Comecei a ficar mais preocupado... Uma sensação de medo e tristeza tomava conta de mim, mas Joaquim estava atento.

– Qual é o problema, Barnabé?! – Joaquim indagou-me. – Vai deixar o medo tomar conta de você? Por acaso não confia no Criador Maior? Não deixe que o medo o tome, filho; se continuar assim, irá perder a conexão com o Orixá da cura. Você precisa estar equilibrado; se perder a conexão, eu não poderei continuar.

– Não sei se consigo continuar, Joaquim!

– Isso só você pode saber, Barnabé! Mas de uma coisa eu tenho certeza: você é capaz! Pois ainda é muito jovem e já fez uma linda escolha se propondo a ser um curador, aprendeu os segredos das ervas e já sabe ouvir sua intuição... Não deixe que o medo o derrube! Ele só está desmaiado por conta da dor dos ferimentos e, se você não continuar, os ferimentos poderão inflamar! Aí, sim, vamos perder nosso irmão!

Procurei acalmar-me, orei com toda minha fé e, após um tempo em prece, voltei a sentir a força do Orixá.

Depois de alguns minutos tratando das feridas dele, os primeiros punhados de ervas já estavam quase todos amassados e sujos. Peguei outro punhado, sempre com meus pensamentos firmes no Criador Maior e no Orixá da cura; molhava as ervas na água e ia pedindo pela cura do nosso amigo... Aos poucos ele foi recobrando os sentidos.

– Como se sente, amigo? – perguntei a ele.

– Com muita dor, mas com fé no Criador, sei que vou ficar melhor – respondeu com a voz fraca.

– Procure descansar. Seu dia foi muito puxado.

– Sim, descanse! – era Joaquim quem falava. – Amanhã verei uma forma de falar com o Feitor. Terei de convencê-lo de que você não pode trabalhar. Caso contrário, ficará pior e poderá morrer.

Eu estava quase explodindo por dentro, era uma mistura de emoção com alegria ao mesmo tempo. Naquele momento percebi que todos os ensinamentos que me foram passados valeram a pena, toda fé no Criador era importante para alcançarmos nossos objetivos.

Não contive minha emoção e chorei. Percebendo isso, Joaquim veio ao meu encontro e abraçou-me.

– Pode chorar, Barnabé! Esse choro é de sua vitória! Você conseguiu, meu filho!

– Obrigado, meu amigo! Obrigado por todos os ensinamentos e as palavras encorajadoras durante todos esses anos. Graças a você, eu consegui!

– Não agradeça a mim, Barnabé. Agradeça ao Criador! Pois se não fosse por Ele e a sua fé, não teria conseguido. Apenas procure manter sua concentração no momento em que está conectado com algum Orixá, não deixe que a aflição interfira nessa hora. No momento da cura nós servimos de instrumentos para que possamos manipular as ervas de acordo com a necessidade de quem está sofrendo, e isso nos é passado por intuições. Procure sempre ter isso em mente, meu filho, pois um dia não estarei mais aqui para auxiliá-lo.

– Vou procurar mudar isso, amigo.

– Sábio será se assim fizer, Barnabé – disse Joaquim e começou a caminhar para o galpão onde passávamos as noites. – Agora vamos descansar, pois amanhã será mais um dia de trabalho. Ainda preciso pensar em uma forma de como farei para que nosso irmão fique em repouso. Ele não pode trabalhar do jeito que está. As feridas irão melhorar com o tempo, mas, se ficarem expostas ao sol e à sujeira, poderão inflamar. Caso eu consiga convencer o Feitor, teremos que trabalhar o mais agilmente possível para cobrir a falta do nosso irmão, avançaremos um pouco mais as noites para terminarmos no prazo que nos foi solicitado.

– Estou de acordo, amigo. Mas como irá convencer o Feitor? Talvez não goste que fale com ele e o castigue.

– Esse é um risco que terei de correr, Barnabé, mas preciso tentar.

Todos aceitaram a ideia de Joaquim, procuramos nos colocar no lugar do nosso amigo. E se um de nós estivesse na mesma situação, passando por aquele momento de dor?

Fomos todos descansar, mas eu não conseguia dormir, ficava pensando: *"Como as forças dos Orixás conseguem nos conduzir para atos tão lindos e milagrosos! Como consegui conectar-me com uma força que até então era desconhecida por mim?"*. Foi uma experiência inexplicável.

Joaquim ficou sentado em um canto próximo à porta, não quis se deitar, ficava olhando para o céu como se estivesse fazendo uma prece, lágrimas brotavam de seus olhos.

– Por que não se deita para descansar, Joaquim? Já está tarde e você também precisa de descanso, meu amigo.

– Estou sem sono, Barnabé. Logo irei me deitar. Procure descansar seu corpo e sua mente, pois eles trabalharam mais do que os meus – disse com um sorriso lindo.

O novo Feitor

Ao amanhecer, fomos acordados por um homem que não nos era estranho, já havíamos visto ele pelas redondezas do engenho tomando conta de outros escravos.

– Vamos! Levantem! Ainda tem muito trabalho para fazer aqui! – disse o novo Feitor.

Sim, de fato havia muito trabalho e não sairíamos de lá enquanto não terminássemos. Já estávamos ali há cerca de duas semanas e ainda tinha uma boa parte de mato que teríamos de retirar, pois ali seria uma nova área de plantação do dono do engenho e, pelo tanto de trabalho que tínhamos, ficaríamos por mais umas três semanas, até finalizar toda a parte do mato para começar a drenar a terra.

Levantamos e começamos a pegar nossas ferramentas de trabalho. Não eram muitas, a maioria dos trabalhos era braçal. Apenas nosso amigo que estava muito machucado ficou deitado dormindo. A noite anterior tinha sido muito sofrida. Ele demorou a dormir por conta da dor.

Quando estávamos prontos, Joaquim aproximou-se do novo Feitor, ajoelhou-se e, de cabeça baixa, fez um pedido...

– Bom dia, senhor. Já estamos prontos para começar a trabalhar, mas antes, preciso fazer um pedido a vós, se assim me permitir.

– Diga! Não tenho muito tempo para ficar ouvindo! Tenho ordens a cumprir! – disse o Feitor.

– Nosso amigo está muito machucado. Não está conseguindo se levantar. Ontem foi um dia muito pesado para ele. Estamos tentando cuidar de suas feridas, creio que dentro de alguns dias estará melhor. Mas caso ele seja exposto ao sol e à sujeira dos matos, suas feridas poderão inflamar e, se isso acontecer, ele pode não aguentar e é provável que morra. Peço em nome de Deus que o senhor o livre dos trabalhos pesados por esses dias. Já conversamos entre nós e combinamos de estender mais as noites para cobrir a falta dele, se assim o senhor permitir.

O novo Feitor ficou olhando para Joaquim que ainda estava de joelhos à sua frente. Olhou para todos nós e para nosso amigo que estava deitado. Todos ficaram aflitos esperando para ver qual seria a reação dele. Talvez ele aceitasse o pedido de Joaquim ou o castigaria por tal ato.

– Levante-se! – disse o Feitor para Joaquim.

Senti um aperto em meu peito e pensei: *"Agora será mais um a ser castigado"*.

O Feitor prosseguiu...

– Não posso deixá-lo aqui parado sem fazer nada! Se o dono do engenho aparecer de surpresa, o castigo poderá ser pior!... Tem alguma outra ideia? – perguntou para Joaquim.

– Senhor, o que temos para fazer aqui é retirar todos esses matos e preparar a terra para o plantio. Não vejo alternativa a não ser essa, que fique em repouso aqui no galpão até as feridas começarem a cicatrizar.

O Feitor ficou por alguns instantes a pensar e em seguida disse:

– Bem, se vocês prometem terminar o serviço dentro do prazo estipulado, posso aceitar seu pedido, mas se aparecer alguém e o vir parado... Eu não quero ter culpa de nada!

– Fique tranquilo, senhor. Vamos terminar dentro do prazo. Não iremos trazer problemas ao senhor. Acredito que em três ou quatro dias ele estará curado e pronto para voltar ao trabalho.

– Assim espero – disse o Feitor para Joaquim.

Fomos todos ao trabalho. O sol estava muito quente, mas ganhávamos forças para trabalhar, pois sabíamos que nosso amigo ficaria bem e não seria exposto da forma que estava.

Ao cair da noite trabalhamos por mais umas quatro horas, teríamos que terminar dentro do prazo, essa era a única forma para cobrir a falta do nosso amigo.

Ao término dos trabalhos, voltamos para o galpão. Quando chegamos, vimos que havia água e um pouco de comida próximo de nosso amigo. Joaquim achou aquilo um pouco estranho, nós não voltamos para o almoço, a comida sempre era levada no local de trabalho e já havíamos separado uma parte para ele.

Pouco tempo depois ele começou a despertar, disse que não conseguia dormir direito por conta dos ferimentos e às vezes ficava sentado para não sentir tanta dor. Joaquim sabia que logo ele ficaria bem, por isso não se preocupou muito com o que ouvira, pois ele queria saber quem havia se alimentado daquela comida.

– Quem comeu essa comida? – Joaquim o indagou.

– Eu! – respondeu nosso amigos e prosseguiu: – O Feitor me acordou, ajudou-me a me alimentar e depois me disse para voltar a descansar.

Confesso que fiquei impressionado com tal ato. Nunca em minha vida havia visto ou escutado algo parecido.

– Joaquim, isso só pode ser um milagre do Criador! Quem é esse Feitor que alimenta e se preocupa com os negros? Será que o Criador teve misericórdia de nós e nos enviou esse novo homem?

– Fé, Barnabé! Fé! Essa é a resposta para suas perguntas.

– Foi sua fé que fez com que esse bondoso Feitor viesse até nós?

– Talvez seja isso... Ontem à noite eu estava sem sono... Lembra-se de que me viu sentado naquele canto?

– Sim, lembro-me! Parecia fazer uma prece. Saíam lágrimas de seus olhos.

– Sim, Barnabé! De fato eu estava fazendo uma prece! Primeiro agradeci ao Criador pela minha vida e por minha saúde. Depois pedi por todos nós. Pedia forças para continuarmos trabalhando. Em seguida fiz uma prece em nome de nosso amigo, mentalizei nosso Criador e agradeci pela vida dele. Pedi que ele tivesse forças, que pudesse se recuperar logo para não sofrer mais, pois já estava muito debilitado. Depois disso pedi ao nosso Criador que me orientasse quando fosse falar com o Feitor, para que nosso amigo pudesse ficar em repouso. Pedi a Ele que fizesse um milagre, abrandasse o coração do Feitor para entender minhas palavras. E por fim, pedi que, se não fosse possível atender nenhum desses pedidos, que a vontade Dele fosse feita de acordo com a lei e com o débito de cada um de nós, pois não sabemos o que devemos para a Lei Maior. Terminei minha prece e fiz o sinal da cruz em direção a cada um de vocês e fui deitar e, pela manhã, fomos acordados pelo novo Feitor.

– Então o Criador ouviu suas preces, meu amigo! Você sabia que Ele ouviria?

– Não, Barnabé, mas sentia que deveria tentar. Seria a única forma de descobrir se Ele iria me ouvir.

– O que será que aconteceu com o antigo Feitor?

– Não sei. Acredito que tenha ido cuidar de outros escravos em outra parte do engenho ou trabalhar para outro dono. Isso é normal

Barnabé! Sempre acontece com os feitores mais antigos! Por serem mais reconhecidos, são solicitados para trabalharem em outros locais.

– Como você sabe disso?

– Eu não sei. Estou apenas deduzindo, pois os feitores mais antigos somem e aparecem outros... Não teria motivos para serem retirados de suas funções; eles sempre as cumprem quando são ordenados.

– Graças à sua fé, esse novo Feitor apareceu! Que o Criador continue a lhe abençoar, meu amigo, e que vossa fé cresça cada vez mais!

– Que assim seja, Barnabé. Peço o mesmo a Ele, para todos nós! Que assim seja!

Depois de muitos abraços e agradecimentos procuramos descansar, pois ainda havia muito trabalho e seria preciso terminar dentro do prazo.

Trabalhamos arduamente todos os dias até o fim das noites e, durante esses dias, algumas vezes o Feitor aparecia para saber como nosso amigo estava. Sim, ele era um Feitor, mas muito diferente dos outros. Não era de muita conversa, mas tinha um olhar sereno... Não nos sentíamos acuados diante dele.

Faltavam alguns dias para terminar os trabalhos naquela lavoura e, em uma das noites, eu estava pensativo em um canto. Joaquim estava próximo: *"Quem é esse Feitor? Por que ele trata tão bem os escravos?"*.

– Não vai obter respostas tentando entender o que está acontecendo, Barnabé! – disse Joaquim. – Existem algumas coisas que não precisamos entender, mas sim agradecer. Essa situação que estamos passando com o novo Feitor é umas das coisas que precisamos agradecer. Somente agradeça ao Criador e, assim que o fizer, procure descansar o seu corpo.

– Sim, Joaquim.

Alguns dias depois, nosso amigo estava quase curado, quase todas as feridas cicatrizaram e ele já conseguia fazer algumas tarefas. Por mais que disséssemos que precisava descansar, ele não o fazia, dizia que queria recuperar o tempo que ficou parado, como forma de agradecimento por termos cuidado dele.

Todas as noites eu cuidava de suas feridas com as ervas sagradas e, a cada dia, elas ficavam mais cicatrizadas... A força do Orixá da cura mostrava-se presente durante as noites de tratamento de nosso amigo.

Depois de semanas de trabalho, terminamos de retirar todo o mato do local onde seriam feitas novas plantações. Não era dia de nosso culto, mas pedimos permissão ao Feitor para fazer um agradecimento. Juntos, fizemos uma prece em agradecimento ao Criador por tudo o que acontecera ali, por nossas vidas, pela saúde do nosso amigo e por ter nos enviado aquele novo Feitor.

De volta ao engenho

Após o término dos trabalhos retornamos ao engenho. Lá o trabalho era rotineiro e, quando não o tinha, éramos aprisionados para não fugirmos do local. Eram raras as noites em que não ficávamos acorrentados; as portas já eram bem trancadas, não havia necessidade de correntes para nos prender, mas como alguns já conseguiram fugir, eles nos acorrentavam para evitar que tentássemos fazer o mesmo.

Em uma das nossas noites de culto aos Orixás, Joaquim pediu que todos ficassem próximos a ele para ouvir o que tinha a dizer.

– Amigos, todos vocês já perceberam que estou velho demais! Logo serei dispensado ou jogado em um canto qualquer como tantos outros já foram. Não deixem de confiar em nosso Criador, não percam sua fé nos Orixás que olham por nós, continuem a cultuá-los e quem sabe um dia nos encontremos em algum lugar deste vasto mundo. De onde eu estiver, tenham certeza, estarei pedindo por vocês, pedindo ao Criador para dar-lhes forças em vossas caminhadas. Façam sempre o bem, não importa a quem seja e, em suas orações, peçam ao Criador que tenha piedade desses homens que maltratam muitos aqui, deixando acorrentados e muitas vezes usando de força bruta para deixar marcas em nossos corpos. Talvez um dia entenderemos o porquê de tanta maldade e sofrimento, mas enquanto isso não acontece, nunca percam a fé. Gravem isso em suas mentes.

Joaquim deu um longo abraço em todos, eu fui o último a ser abraçado por ele, que me abraçou com a ternura de um pai.

Ele ficou algum tempo me olhando com um leve sorriso e em seguida disse:

– Barnabé, você foi um grande vencedor! Venceu uma das maiores barreiras: a de acreditar no que muitas vezes não podemos ver, apenas sentir. Acreditou no Criador e nos Orixás e, hoje, tem a força deles dentro de ti. Saiba utilizar essa força para o bem, mesmo que não esteja mais na carne, porque a força do nosso corpo um dia acabará, mas a do espírito é eterna e, se souber usá-la para o bem, ela também será eterna em seu espírito. Você já aprendeu um pouco da magia das ervas, mas existem muitas coisas que ainda irá aprender, e tudo virá no tempo e no momento certos. Continue a usar essa magia, mesmo que seja para aqueles que nos maltratam ou acabam induzindo outros à morte por causa de tanto sofrimento, pois não cabe a nós o julgamento. Já vi muitos feitores sendo mortos por outros escravos que aqui estiveram. Também vi outros tantos escravos no desespero tirar a própria vida, esquecendo que o julgamento só ao Criador pertence. Por mais dolorosa que seja a situação, sempre busque ao Criador e aos Orixás. Peça auxílio para que eles o guiem pelos caminhos corretos ao encontro da paz. Lembre-se sempre disso, Barnabé! E por fim, eu digo a ti, meu amigo: quando se sentir sozinho em meio ao nada, sem uma mão amiga para lhe levantar, ali eu estarei em carne ou espírito para lhe ajudar.

Eu não havia entendido o porquê dessas palavras, mas anos depois eu entenderia.

Depois dessa longa conversa voltamos para o galpão onde passávamos as noites. Joaquim foi para seu canto e ficou a orar em voz baixa.

Todos entenderam a mensagem, estava claro que logo ele não estaria mais entre nós. Só não conseguimos entender se o espírito dele iria deixar a carne ou se ele seria afastado do engenho por causa da velhice. Mas não iria demorar para que descobríssemos.

A perda de um grande amigo

    Depois de aproximadamente três anos que Joaquim deu a notícia de sua partida, ele não conseguia mais trabalhar. Não estava com uma idade muito avançada, mas com os esforços feitos durante toda a vida que serviu como escravo, não aguentava mais as jornadas de trabalho. Ele tinha uma aparência de uns vinte anos mais velho e ainda não havia chegado aos sessenta anos, mas como apresentava muita fraqueza, o dono do engenho ordenou que ele fosse descartado. Dessa forma se livraria de um negro velho e colocaria outro mais jovem em seu lugar.

    Sim, muitas vezes era feito dessa forma. Alguns escravos quando chegavam a uma certa idade e não conseguiam mais trabalhar, eram dispensados, pois tinham menos tempo de vida, principalmente quando viviam apenas trabalhando nos engenhos. E os que tinham idades avançadas, não conseguiam nem desempenhar as tarefas mais leves, pois a fraqueza não permitia.

    Com a má alimentação e péssimas condições de sobrevivência, alguns negros com idade inferior a cinquenta anos contraiam doenças, estes eram descartados, sendo substituídos por negros mais novos ou pelos próprios filhos e, por isso, Joaquim fora dispensado. O dono do engenho não permitia que escravo muito velho permanecesse ali. Ele tinha medo que sua família contraísse alguma doença, então os negros nessas condições eram dispensados ou deixados nas estradas, e de lá seguiam seus caminhos.

    Esses que eram dispensados sabiam que existiam lugares para viver distantes dos engenhos. Lá, construíam casas para viver com suas famílias. Esses locais eram de difícil acesso, por isso os negros tinham liberdade e uma condição melhor de vida. Trabalhavam para seu próprio sustento, não existiam feitores para puni-los, nem senzalas ou correntes para serem presos. Podiam realizar seus cultos e costumes religiosos sem medo, louvavam Orixás pelos seus verdadeiros nomes, constituíam famílias e viviam livres até seu desencarne. Essa era a vida que tinham os escravos que conseguiam fugir ou eram jogados nas estradas, caso não fossem capturados.

Eu sentia muita falta de Joaquim. Ele era um grande sábio, muitas vezes conseguia acalmar qualquer desatino apenas com palavras. Em minhas orações sempre pedia ao Criador que guiasse seus passos, que pudesse encontrar um lugar para descansar de todo o sofrimento e ter paz no tempo de vida que lhe restava na carne. Sim, ele estava muito cansado, o corpo já não aguentava mais, mas talvez com a misericórdia do Criador, ele conseguiria encontrar um bom lugar para viver e ter seu merecido descanso, antes do desencarne.

Com o passar dos anos, eu também fui enfraquecendo, os trabalhos eram tão pesados que, muitas vezes, não conseguia nem me manter em pé e, por causa disso, cheguei a pensar que teriam pena de mim e não me levariam mais para o tronco. Mas me enganei, pois o meu último encontro com o Feitor estava por chegar.

O fim do açoite. Meu último encontro com o Feitor

Quando eu estava com aproximadamente cinquenta anos, a disposição física não era mais a mesma. Apesar de tentar, não aguentava trabalhar nem por seis horas, sendo que muitas vezes os trabalhos duravam cerca de quatorze a dezesseis horas. Por causa dos esforços feitos durante longos anos, meu corpo já não aguentava mais.

No fim da minha vida como escravo, fora os trabalhos nas lavouras e em outros engenhos, havia trabalhado cerca de cinco anos em construções de torres altas em volta do engenho. Elas serviam para vigiar os escravos de pontos mais altos quando estavam distantes.

Igual aos demais escravos, eu era ofertado como empréstimo para senhores de outros engenhos. As viagens em péssimas condições, falta de alimentação adequada e as torturas com açoite foram me enfraquecendo e, em consequência da má qualidade de vida, cheguei a contrair doenças, mas algumas consegui curar com as magias que Joaquim havia me ensinado. Porém outras só foram curadas com o passar dos tempos.

Sim, mesmo sem a presença de Joaquim, continuei com o meu propósito. Nunca deixei de praticar as magias, e durante todos aqueles anos, tive o auxílio do Criador e dos Orixás, tanto para mim como para os que estavam feridos. As ervas e a minha fé me ajudaram muito durante o tempo em que servi como escravo naquele engenho.

No último ano em que fiquei no engenho, o dono percebeu que eu já não tinha forças para trabalhos pesados, mas preferiu manter-me e, como eu não conseguia fazer muito esforço, voltei à lavoura para carregar sacos. Isso mesmo, alguns senhores não poupavam nem os mais velhos; enquanto estávamos em pé, tínhamos de trabalhar, e, se não trabalhássemos, o açoite viria ao nosso encontro... E eu já havia perdido as contas de quantas vezes ele viera ao meu encontro e também não me lembrava quantas preces havia feito ao Criador, pedindo clemência, pois não aguentava mais tanto sofrimento.

No último dia em que trabalhei na lavoura, o sol estava muito quente. Eu não tinha mais forças para me manter em pé e, por causa disso, fui levado pelo Feitor ao encontro do dono do engenho, pois nem mesmo as agressões físicas e verbais dele conseguiram fazer com que eu me levantasse.

Assim que chegamos, o Feitor deixou-me acorrentado na frente da casa do senhor do engenho. Fiquei de joelhos. Ele foi ao encontro do dono para saber qual ação tomar.

Algum tempo depois, o dono do engenho aproximou-se de onde eu estava, abaixou-se para ficar à minha altura, e, em tom sarcástico, perguntou-me:

– Não está conseguindo trabalhar?

– Não tenho forças, senhor – respondi olhando para o chão.

– Parece que gosta de ser castigado, assim como muitos, não? – perguntou o senhor do engenho de forma irônica.

– Não me alegro com meu sofrimento, muito menos com sofrimento alheio, mas, se é isso que o senhor acha, vá em frente! – em seguida ergui umas de minhas mãos e fiz o sinal da cruz em direção a ele. – Que Deus tenha misericórdia e não cobre do senhor nem a metade dos sofrimentos que são causados por suas ordens.

Não era isso, mas ele aceitou minhas palavras como ofensa ou ameaça. Fui agredido no rosto por suas próprias mãos e ali mesmo fiquei caído ao chão.

Depois disso, a última coisa que consegui ouvir foi ele ordenando ao Feitor que me levasse ao tronco, pois não iria aceitar desaforo de um negro, e mais um golpe desferiu em meu rosto, deixando-me inconsciente.

Não sei por quanto tempo fiquei inconsciente, mas conforme ia voltando, sentia água escorrendo pelo meu corpo e o sol arder em minhas costas. Cheguei a achar que estava morto. Tentava abrir meus olhos, mas o sol em direção ao meu rosto não deixava. Foi aí que senti uma dor imensa em minhas pernas, e alguém atrás de mim gritou:

– Levanta o corpo!!!

Sim. Novamente fui ao encontro do açoite. Quantas chicotadas levei? Não sei responder. Só me lembro que por várias vezes, nesse mesmo dia, fui despertado com água no rosto e, cada vez que despertava, novas chicotadas sentia nas pernas e nas costas.

A última vez que me lembro de ter despertado, o sol estava se pondo. Não havia mais ninguém por perto.

Ali fiquei a definhar, não conseguia sentir a força de Deus, nem dos Orixás. Talvez fosse porque eu estava em um nível tão baixo por causa de meus pecados ou por meus sofrimentos que, naquele momento, eles não poderiam se aproximar de mim. Mas, mesmo assim, eu sentia que precisava tentar me aproximar do Criador, e foi o que fiz.

Ainda amarrado no tronco, levantei minha cabeça o máximo que pude e orei:

– Pai, o Senhor tem conhecimento de todos os erros e pecados que cometi durante todas as vidas que estive em carne. Neste momento, peço perdão por todos esses pecados, peço perdão por alguns pensamentos que tive quando submetido a torturas, pensamentos esses que não estão de acordo com vossa lei.

Durante a prece, minha respiração ia ficando fraca, não sabia se era noite ou se a minha visão estava escurecendo, não conseguia manter meus olhos abertos. Naquele momento pensei: Deus está ouvindo minhas preces. Talvez Ele esteja sentindo misericórdia de mim e está me encaminhando. Chegou a hora do meu desencarne.

Naquele momento mentalizei todos os Orixás e pedi forças para continuar o que talvez seria minha última prece em carne e, após um profundo suspiro, continuei...

– Pai, vós sabeis o que é de direito meu. Sabeis o porquê de todo esse sofrimento e o momento em que eu deva partir... Momento esse que só a ti pertence. Não sei se já paguei por todos os meus pecados, Pai, mas peço clemência, meu corpo não aguenta mais todo esse sofrimento. Pai, se eu for merecedor, peço que me encaminhe para um lugar de paz, peço que olhe pelos meus irmãos que aqui estão reféns da escravidão, olhe por eles e os proteja. Mas, caso eu não seja digno de vossa misericórdia por ter pecados nesta ou em outras vidas, que eu continue a pagá-los até ser digno dela.

Não sabia se o que pedia era certo, mas o sofrimento era tanto que muitos escravos haviam tirado a própria vida, pois não viam outra saída a não ser a própria morte. E não posso negar que naquele momento pensei o mesmo.

Mas não foi isso o que Joaquim ensinou. Pedir a morte ao Criador é tentar se livrar de nossas dívidas, e se as temos, de alguma forma deveríamos pagar. Não sabíamos se estávamos pagando ao sermos reféns e escravos, porém, de alguma forma teríamos de pagar e, atentar contra a própria vida, seria apenas acumular mais dívidas nela.

Novamente minha respiração tornou a ficar fraca. Olhei para o céu e agradeci ao Criador por minha vida. Agradeci por todos os ensinamentos que me foram passados pelo grande amigo e irmão Joaquim e pedi ao Criador que o protegesse e guiasse seus caminhos, pois fora um grande amigo quando esteve ali. Pedi pelos amigos mais velhos, por todos que viviam no engenho, agradeci aos Orixás por terem me usado como instrumento para ajudar na cura aos que necessitavam. Mentalizei minha mãe e meu pai, pedi em pensamento que eles ficassem bem, onde quer que estivessem, e que de alguma forma chegasse ao conhecimento deles que seu filho lutou pela vida até o último suspiro. Olhei para o lado onde se localizava o galpão onde os outros negros estavam acorrentados, procurei mentalizar todos eles, e novamente pedi ao Criador que os protegesse de todo aquele mal. Em seguida olhei para o céu. Nele, milhares de estrelas brilhavam e, no meio delas, um grupo de muitas estrelas formavam uma única, parecia ser a maior de todas. Fiquei observando aquela grande estrela e, por um instante, pensei: deve ser algum sinal do Criador.

Naquele momento fiz uma pequena prece em pensamento, pedi um sinal para que pudesse descansar em paz e, após essa prece, a grande estrela brilhou no meio de muitas. Percebi que era um sinal, que estavam me ouvindo, pois comecei a sentir um pouco de paz, sentia que era obra do Criador e, antes de meus olhos fecharem olhando para a grande estrela, dei um profundo suspiro e consegui dizer minhas últimas palavras naquele engenho:

– Seja feita vossa vontade, Pai.

O fim da minha escravidão

Algum tempo depois recobrei a consciência, sentia muito frio e fome, mas não sabia onde estava. Talvez já estivesse morto e sendo preparado para o Plano Espiritual, pois Joaquim havia me ensinado que, antes de irmos para esse plano, passamos por uma espécie de tratamento, nosso espírito começa a ser preparado para aceitar a nova vida fora da carne, pois muitos que saem dela não querem acreditar e continuam vivendo suas vidas como espíritos perdidos.

Mas tudo ali era diferente do que Joaquim me falara. Ele também não conhecia o Plano Espiritual, mas sabia que era um lugar de paz, pois os Orixás já haviam lhe mostrado em sonhos e, onde eu estava, não se parecia em nada com um lugar de paz. Ao redor só havia terras, matos e alguns ossos humanos... Só podiam ser de escravos que foram descartados e não conseguiram sobreviver.

Eu tentava ficar em pé, mas não conseguia; o sol ardia em minha pele. Para me locomover, me arrastava pelas partes menos machucadas do meu corpo à procura de alguém para pedir ajuda.

Algumas vezes perdia a consciência e, quando a recobrava, percebia que estava em outro local, mas não muito diferente dos anteriores. Muita terra e mato por todos os lados e, quando eu olhava para trás, via os rastros que havia deixado.

Não sabia se estava em carne ou em espírito. Se estivesse em espírito, talvez fossem as condições dos que não aceitavam a morte, achando que continuavam vivendo.

Continuei me arrastando. Vi uma árvore um pouco à frente. Fui ao seu encontro e fiquei deitado esperando por um milagre. Alí pensei no meu amigo Joaquim... Será que ele também passou por todo esse sofrimento?

Orei por ele e pedi para estar em um lugar de paz, pois era uma boa pessoa e não merecia tal sofrimento.

Permaneci embaixo da sombra da árvore esperando por ajuda. O desespero tomava conta. Se eu estava em espírito, só me restava pagar todos os meus pecados e aguardar o encaminhamento do Criador e, se ainda estava vivo, haveria de esperar a morte e, depois dela, ver qual seria o meu destino. E, como não havia nada a fazer, fechei meus olhos para me acalmar e acabei adormecendo.

Quando acordei já era noite; a fome e a sede aumentavam. Se eu estava vivo, precisava encontrar algo para comer e água para beber, só assim conseguiria me manter.

Continuei a me arrastar, vi um pequeno barranco. Me aproximei e escutei um barulho que vinha do fim dele. Não conseguia ver o que era, estava muito escuro. Então procurei escutar com mais atenção e consegui identificar o som... Era uma pequena fonte de água que corria por entre as matas.

Sem demora me arrastei até ela e comecei a beber. Em seguida olhei para o céu e agradeci ao Criador e aos Orixás por terem me guiado até ali. Bebi mais um pouco de água até saciar minha sede. Agradeci mais uma vez e encostei-me a uma árvore próxima para descansar. Precisava recuperar as energias; não podia desistir, sentia que algo ou alguém me pedia para continuar.

Em determinado momento debaixo daquela árvore olhei para o céu. Nele haviam várias estrelas e, novamente entre elas, apareceu um grupo de estrelas formando apenas uma... Era parecida com a que eu havia visto no engenho quando tive meu último encontro com o açoite. "É o sinal... Preciso continuar", pensei.

Naquele momento comecei a fazer uma prece em agradecimento ao sinal que me fora enviado, mas no meio da prece, acabei adormecendo e não consegui terminar.

Quando acordei, notei que já havia amanhecido, fui me arrastando beirando a água para não a perder. Se não encontrasse algo para comer, pelo menos teria água para me manter. E eu me arrastei ao lado dela durante todo o dia.

A noite foi chegando, a fome estava aumentando, não conseguia nada para comer, além de matos e algumas frutas velhas que encontrava pelo caminho. Eu já havia perdido a noção de quanto tempo estava naquele local. Talvez três ou cinco dias, à procura de alguém para me ajudar.

Algumas vezes conseguia caminhar, mas não aguentava muito. Minhas pernas não conseguiam manter meu corpo em pé, estava sem forças, e quando percebi, o dia estava amanhecendo. E, como eu estava cansado, procurei me encostar em uma árvore para descansar, e ali fiquei pensando até quando iria aguentar aquele sofrimento, até quando seria permitido que passasse por tudo aquilo, pois eu já estava perdendo a esperança de haver um milagre. E assim pensei durante todo o dia.

A noite chegara mais uma vez; eu não tinha mais esperanças. Sentia que era o fim, não conseguia manter meus olhos abertos. Então olhei para o céu e, sem saber meu real estado, fiz mais uma prece achando que seria a última.

– Pai, peço-lhe perdão... Não aguento mais! Não tenho mais forças. Estou há muito tempo aqui. Só vejo mato e terra, mas ninguém vem ao meu socorro. Pai, mais uma vez peço vossa misericórdia e perdão pelos meus pecados, e aqui me entrego ao meu destino.

Estava ficando muito frio. Com dificuldade consegui juntar uma grande quantidade de folhas e matos para me deitar. Fiz um espaço dentro e lentamente deitei por entre as folhas para tentar me manter aquecido. Deitado entre elas fiz um pequeno esforço e olhei para o céu, a grande estrela estava lá, ela brilhou.

Naquele momento, sem que eu fizesse qualquer esforço para voltar ao passado, vieram em minha mente uma das últimas palavras do meu grande amigo Joaquim: *"Quando sentir-se sozinho em meio ao nada, sem uma mão amiga para lhe levantar, ali eu estarei em carne ou espírito para lhe ajudar"*. Adormeci pensando nessas palavras.

Uma ajuda inesperada

Não sei precisar por quanto tempo eu havia adormecido, mas lembro exatamente o que aconteceu naquela noite.

Dormi achando que seria meu fim, não iria resistir a tanto frio e fome. Mas, durante a noite, fui despertado por balanços em meu corpo, então abri meus olhos para ver quem era.

Eu não conseguia ver direito. Estava muito escuro, os matos e as árvores impediam que a luz da noite iluminasse aquele local, mas pude ver que eram dois homens e então pensei: "Acho que são os espíritos de luz que vieram em meu socorro, ou talvez são caçadores que me levarão para servir como escravo em outro local, ou pode ser apenas um sonho".

Pensei muitas coisas. Aceitaria tudo para não voltar à vida de sofrimento que passei, pois notei que um deles tinha em suas mãos algo parecido com um açoite.

Comecei a entrar em desespero e, naquele mesmo momento, fiz uma prece em minha mente pedindo ao Criador e aos Orixás que me protegessem, pois não sabia quem eram aqueles homens, mas tinha quase certeza de que eram caçadores à procura de escravos fugitivos.

Procurei não me mover, para acharem que eu estava morto. O medo era tanto que consegui manter todo meu corpo parado, não mexia nem um músculo, mas não consegui controlar meu coração que já estava disparado.

Eu já estava suando frio, mas mesmo assim continuei com minha prece e, durante ela, pude ouvir um deles perguntar:

– Será que ele está vivo?

– Não sei! – respondeu o outro. – Veja se consegue ouvir o coração dele bater.

Meu desespero aumentou. Meu coração batia mais rápido, tão rápido que daria para vê-lo pulsando se estivesse na luz do dia.

Eu ainda estava estático, quando um deles se abaixou e tentou ouvir meu coração.

– Está batendo! – disse ele olhando para o que estava segurando o que seria o açoite. – Vamos! Dê-me a bolsa com chá para dar a ele.

O que parecia o açoite era a alça de uma bolsa. O homem que estava ao meu lado abriu minha boca e lentamente foi jogando um chá que tinha o mesmo cheiro e aroma de uma das ervas que o amigo Joaquim usara para me ensinar nas curas. Foi aí que percebi que eles estavam ali para me ajudar.

Mesmo sabendo que minhas preces estavam sendo ouvidas, eu ainda estava com medo, mas mesmo assim comecei a mexer meu corpo para verem que eu estava vivo.

– Amigo, consegue me ouvir?! – perguntou o que estava ao meu lado.

– Sim, consigo.

– Qual é o seu nome?

– Barnabé.

– É ele mesmo! – disse um deles.

– Quem são vocês?! Não me maltratem, em nome de Deus! Por favor!

– Acalme-se, não tenha medo. Somos amigos! Estamos aqui para lhe ajudar!

– Onde estou? Estou morto? Vocês são os seres de luz – perguntei a ele.

– Você está vivo, amigo! Só está muito machucado.

– Estou com fome!... Sinto muito frio!

– Tome mais um pouco de chá. Isso irá lhe manter aquecido até chegarmos em nossa vila. Lá você terá comida e suas feridas serão tratadas.

Além de alimentar, o chá me deu muito sono. Eu tentava, mas não conseguia me manter acordado.

Depois que tomei o chá senti que eles pegaram em minhas pernas e em meus braços, me colocaram em cima de algo, cobriram meu corpo e começaram a me carregar.

Naquele momento chorei em silêncio e agradeci ao Criador, pois sabia que estava em boas mãos. Mas em pouco tempo acabei adormecendo e não consegui terminar minha prece.

Uma grande surpresa. Um lugar de paz

Quando despertei percebi que o dia já estava claro, olhei para o lado e vi que não estava mais no meio do nada e sim em uma pequena casa de pau a pique, deitado em uma cama. Apenas um pano branco cobria parte de meu corpo. Eu sentia algo estranho embaixo dele.

Com um pouco de esforço, virei-me para ver. Eram ervas úmidas, havia alguém tratando das minhas feridas. Ainda doíam, mas a dor não era tão intensa como antes.

Pela janela à minha frente conseguia ver movimentos do lado de fora. Não podia estar em um engenho, jamais iriam permitir que um escravo dormisse em uma cama. Então, lembrei-me da noite anterior. "Dois enviados do céu ajudaram-me e me levaram para aquele local. Minhas preces foram ouvidas", pensei.

Tentei levantar, mas o máximo que consegui foi erguer o pescoço. Estava muito fraco. Então procurei fechar meus olhos e descansar mais um pouco e acabei adormecendo por algumas horas.

Depois de algum tempo despertei e já era noite, olhei para o lado e vi um copo com chá e alimento em um banco próximo à cama em que eu estava. Eu sentia muita fome, mas não peguei, não sabia se eram para mim; aprendi que as coisas que não são minhas têm de ser ofertadas e não pegas. Então, achei melhor esperar alguém chegar para ofertar-me e foi aí que ouvi alguém dizer:

– Se está com fome, por que não come? Está esperando alguém lhe ofertar? Se não comeu até agora apenas por isso, pode comer... São para você!

A voz parecia ser de alguém com idade bem avançada, vinha do outro cômodo, mas eu não conseguia ver quem era. Estava de noite e só havia a luz da lua iluminando uma pequena parte da casa.

Com um pouco de esforço consegui ficar sentado. Alimentei-me e agradeci ao homem que estava na cozinha.

– Muito obrigado pela refeição, amigo! Há tempos não me alimento direito.

– Não precisa me agradecer. Tenho certeza de que faria o mesmo em meu lugar... Agora descanse um pouco.

– Preciso me levantar. Gostaria de ir lá fora.

– Já é tarde! A essa hora não irá encontrar nada lá fora! E, além disso, algumas de suas feridas ainda não criaram cascas. Não é bom que elas fiquem expostas ao tempo. Durma um pouco. Amanhã estarei aqui para ver sua evolução – disse ele e saiu fechando a porta.

Assim que ele saiu comecei a sentir muito sono. O chá que tomei me fez sentir isso e, mesmo não querendo, acabei adormecendo.

Quando acordei, já havia amanhecido. Senti um cheiro saboroso. Ao meu lado havia pão e um copo com café. Olhei para a cozinha e vi um senhor sentado de costas para mim. Ele olhava para fora. Eu não conseguia ver seu rosto, mas vi que aparentava ser bem velho.

Não toquei no café, mesmo sabendo que era para mim. Preferi aguardar ele me ofertar.

Naquele mesmo momento, sentei na cama e fiquei pensando: "Quem é esse senhor tão bondoso que se preocupa comigo?".

Após esse breve pensamento, ouvi ele dizer:

– Novamente esperando alguém para lhe ofertar o alimento? Pode comer! São para você!

– Desculpe-me, senhor. É que não estou acostumado a...

– A pegar coisas sem que lhe sejam ofertadas? – disse ele interrompendo-me e prosseguiu: – Não precisa se desculpar. Agora, tome seu café antes que ele esfrie... Eu em seu lugar não gostaria de tomar café frio.

– Muito obrigado, senhor. Em minhas orações vou pedir ao Criador que lhe abençoe.

– Eu agradeço, mas não precisa me chamar de senhor – disse ele ainda olhando para fora. – Como se sente?

– Com um pouco de dor, mas não como ontem. Não sinto mais o cansaço dominar meu corpo.

– Que bom! Isso é um sinal que o remédio está fazendo efeito. As vestes que estão ao seu lado são para você... Acha que consegue vestir-se sozinho?
– Creio que sim, amigo.
– Se precisar de ajuda, estarei lá fora. É só dar um grito que logo venho ao seu auxílio.
– Mais uma vez, muito obrigado, amigo... Qual é o seu nome?
– Até agora me chamou de amigo. Pode me chamar assim mesmo que virei. Caso eu esteja longe, alguém irá me chamar. Afinal, aqui nesta vila, só você me chama dessa forma – e saiu fechando a porta.

Tentei, mas não consegui ver quem era. Só consegui notar que ele tinha uma longa barba branca que cobria boa parte do seu rosto.

Assim que terminei de tomar o café, peguei as vestes que estavam ao meu lado. Com um pouco de dificuldade consegui vesti-las.

Sentia dores pelo corpo, mas consegui caminhar até a janela para ver quem estava do lado de fora. Vi algumas crianças negras brincando, alguns adultos trabalhando e outros conversando. Algumas mulheres ajudavam no trabalho e outras cuidavam de algumas crianças. Nada ali se parecia com o local onde eu era forçado a trabalhar, todos tinham um semblante de felicidade, não tinham a feição triste como os que eram reféns.

Olhei para todos os lados e não vi nada parecido com os galpões onde os escravos ficavam acorrentados, e foi aí que tive a certeza de não estar em um engenho, onde os negros eram torturados... Eu estava em um lugar de paz.

Lentamente caminhei até a porta e a abri. Do lado de fora havia um jovem aparentando uns vinte e cinco anos.

Assim que me viu saindo, ele veio ao meu encontro...
– Bom dia, Barnabé! Como está?
– Bem melhor do que dias atrás. Obrigado pela preocupação... Como sabe meu nome?
– Você mesmo me disse quando o encontramos! Eu estava com meu amigo Luiz. Nós o trouxemos para cá.
– Muito obrigado por terem me ajudado. Qual é o seu nome?
– Me chamo Pedro.
– Vou agradecer ao Criador por terem me encontrado e pedir que vocês sempre sejam abençoados.
– Muito obrigado, Barnabé!
– Onde está seu amigo? Preciso agradecê-lo.

– Deve estar em algum lugar pela vila. Logo ele aparece.
– Se ele aparecer, diga que preciso agradecer por ter me ajudado.
– Pode deixar que aviso, Barnabé.
– Muito obrigado, Pedro.

Paramos de conversar por alguns instantes. Eu observava tudo em minha volta para ver se encontrava o senhor que estava dentro da casa.

– Por que olhas tanto para os lados, Barnabé? – perguntou Pedro.

– Estou procurando um senhor que estava aqui na casa. Não sei seu nome, mas notei que tinha uma barba bem branca. Ele me deu alimentos e vestes. Acredito que também esteja tratando de minhas feridas. Gostaria de falar com ele... Você o conhece, Pedro?

– Sim. Ele mora nesta casa! Essas vestes que você está usando são dele. Mas acredito que tenha lhe dado. Ele é muito generoso!

– Posso fazer uma pergunta?
– Claro que pode, Barnabé!
– Como me encontraram naquele local?
– O senhor que você procura disse que você estava por perto. Ele não sabia exatamente onde, mas tinha ideia do lugar e sabia que você precisava de ajuda. Como eu conheço um pouco os arredores da vila, ele chamou a mim e nosso amigo Luiz e descreveu a visão que teve e, pela descrição, tive uma noção de onde era. Ele pediu para irmos ao seu encontro, pois algo dizia a ele que você estava vivo. Foi ele mesmo quem preparou o chá de ervas que demos a você. Nós saímos de manhã, seguimos a corrente de água e o encontramos dormindo.

– Então ele não é apenas generoso! Além de generoso ele é muito sábio!

– Sim! Ele é muito sábio!
– Onde posso encontrá-lo?
– Vamos! Eu o levo até ele. Se apoie em mim.

Pedro ajudou-me a caminhar até o senhor a quem eu procurava. Eu não conseguia andar muito rápido, não estava completamente curado; o último castigo que tive no engenho e os dias que fiquei no meio da estrada e matos foram sofridos para o meu corpo, mas, graças ao Criador e aos Orixás, eu estava vivo.

– Espero não o estar incomodando, Pedro. Não consigo andar mais rápido do que isso.

– Não está incomodando, Barnabé! Fique tranquilo. Vamos. Ele está logo ali, embaixo daquela árvore. Ele sempre fica naquele local quando não está em sua casa.

De longe pude avistá-lo. Ele estava sentado em um toco de árvore. Em sua volta havia algumas crianças e adultos. Ele falava e os que estavam em sua volta apenas escutavam, pareciam bem atentos às suas palavras.

– Vamos aguardar aqui, Barnabé. Assim que todos forem embora, eu o levo até ele.

Depois de algum tempo, ele terminou de conversar com os que estavam em sua volta. Todos o abraçaram e foram embora. Pedro também estava indo, dei-lhe um abraço e agradeci.

Fiquei sozinho com o senhor que me ajudara. Ainda sentado, ele se ajeitou virando para meu lado e deu um belo sorriso.

– Vejo que está melhor, Barnabé! – disse ele.

– Sim, bem melhor! Muito obrigado pela ajuda, amigo.

– Não agradeça a mim. Agradeça ao Criador e aos Orixás.

A aparência dele não era estranha para mim. Eu fiquei tentando recordar de onde o conhecia. Talvez de quando eu era criança, antes de ser feito refém com meus pais, ou de algum outro engenho, pois, naquela época, alguns escravos eram ofertados por tempos para trabalhos temporários em outros lugares e, após o término, retornavam. Como alguns senhores pagavam bem, os senhores donos dos escravos aceitavam.

Eu ainda estava tentando me lembrar quem era aquele senhor, quando meus pensamentos foram interrompidos por ele.

– Como sempre continua a pensar demais... Não é mesmo, Barnabé? – perguntou sorrindo.

– E, como sempre, o senhor continua a ler meus pensamentos... Fico admirado com esse dom!

– Isso é obra de Deus, Barnabé! Só vejo e escuto o que é permitido por Ele, e não me enalteço por isso, pois sei que é um dom concedido e, da mesma forma que me concedera, ele pode tirar, se eu não souber usá-lo para o bem... Quem sabe um dia você não aprenda? Se for permitido por Ele e confiar em sua intuição, poderá aprender.

A forma que ele falava também não me era estranha. Algumas coisas que dizia eu já havia escutado antes.

– Não sei se sou digno de tal dom, meu amigo. Mas creio que tu sejas um privilegiado por tê-lo recebido. Quando trabalhei como escravo em um engenho, conheci um grande amigo que tinha esse mesmo dom. Não consigo imaginar como fazem isso, mesmo sabendo que fora concedido por nosso Criador Maior.

Eu ainda estava em pé, quando ele olhou dentro de meus olhos e, com aquele belo sorriso, disse-me:

– Ora, Barnabé! Quando uma pessoa está com sentimento muito abalado, fica mais vulnerável a qualquer tipo de magia, pois ela fica desequilibrada... Não foi difícil ler o seu mental na situação em que se encontra.

Naquele momento senti um calor imenso em meu peito. Lembrei-me do dia em que Joaquim disse a mesma frase em um dos cultos que fizemos no engenho quando ajudei um amigo por intermédio do Orixá de cura... "Este senhor só pode ser Joaquim" pensei.

Rapidamente abaixei-me à frente dele e segurei em suas mãos.
– Amigo, já ouvi isso antes! Seu nome é Joaquim?... É você, Joaquim?!

E com um grande sorriso ele respondeu:

– Conseguiu me reconhecer, Barnabé? Ou mais alguém disse a mesma frase a você?

Não consegui controlar minha emoção. Eu o abracei e comecei a chorar. Não acreditava que estava diante do grande amigo que me ajudou desde a minha chegada ao engenho, ensinou-me sobre o Criador, a cultuar os Orixás, a magia das ervas e a confiar em mim mesmo. Sim, Joaquim estava vivo. Novamente eu estava ao seu lado.

Ficamos abraçados por um longo tempo. Eu não conseguia parar de chorar.

– Vamos, Barnabé, pode parar de chorar. Estamos bem, agora – disse Joaquim tentando consolar-me.

Afastei-me um pouco dele, limpei meu rosto cheio de lágrimas, mas só consegui conversar com Joaquim algum tempo depois.

– Graças ao Criador, você está vivo, meu amigo! Eu pedi muito a Ele e aos Orixás que o ajudassem.

– Eu também pedi o mesmo a Eles, Barnabé! A todo momento pedia. Confiei n'Eles e hoje estou aqui.

– Mas por que não me disse logo que era você, Joaquim?

– Bem sei do amor que sente por mim, Barnabé, e, como vi que estava muito debilitado e não sabia o que poderia lhe acontecer ao saber que estava diante de um velho amigo, achei melhor esperar. Também orientei ao jovem Pedro que não dissesse meu nome a você.

– Compreendi, meu amigo... Estou muito feliz por você!

– Fico feliz por você também, Barnabé! Sua fé o trouxe até aqui! Mesmo com muitas dificuldades depois que o jogaram na estrada, você não desistiu. Quando pensava em desistir, conseguia forças para continuar, viu os sinais e acreditou! Sabia que não era coisa de sua cabeça e sim os sinais do Criador, confiou n'Ele, nos Orixás e hoje você está livre.

Enquanto Joaquim falava, Pedro chegou com o amigo que estava com ele quando me encontraram.

– Olá, Barnabé! – era Pedro quem me cumprimentava. – Esse é meu amigo Luiz. Era ele quem estava comigo quando o encontramos.

– Olá, Barnabé! Que bom vê-lo aqui! Parece bem melhor.

Caminhei em direção a ele e o abracei.

– Obrigado, Luiz! Muito obrigado por ter me ajudado! Se não fosse por vocês, eu não estaria aqui. Em minhas preces vou pedir por vocês.

– Eu agradeço e fico feliz em ver que está bem, mas, se não fosse por Joaquim nos dizer o caminho, não o teríamos encontrado.

Conversei com Luiz por uns dez minutos. Ele tinha seus afazeres, era um dos que cuidavam das plantações da vila e tinha vindo até a mim porque Pedro disse que eu queria cumprimentá-lo... Mas ele também queria ver como eu estava.

Depois de uma breve conversa, Pedro e Luiz se despediram e voltaram aos seus afazeres. Fiquei observando eles indo embora; era nítido que estavam felizes naquela vila. Não eram forçados a trabalhar, todos que trabalhavam tinham hora para descansar, não precisavam dormir acorrentados, tinham suas casas e alimento de boa qualidade, pois eram eles mesmos que o produziam.

Enquanto eu observava, Joaquim levantou-se e olhou na mesma direção em que eu olhava.

– Gosta do que vê, Barnabé?

– Sim, posso ver a felicidade no semblante dessas pessoas... Por que demoramos tanto para encontrar este lugar?

– Tudo tem sua hora, Barnabé! E creio que sabe bem disso.

– Sim, eu sei.

– Aceita tomar um café?

– Claro! Quero conversar mais e fazer algumas perguntas a você, meu amigo.

– Venha. Vamos para a minha casa. Se eu puder, responderei todas hoje; se não puder, com o tempo você irá aprendendo. Terá bastante tempo para ter as respostas de suas perguntas aqui nesta vila. E algumas delas poderão ser respondidas por você mesmo.

– Terá lugar aqui na vila para mim? – perguntei surpreso.

– A menos que não queira ou tenha outro lugar para ir... Sempre acolhemos nossos irmãos que chegam aqui.

– Claro que eu quero! Apenas um dia que fiquei aqui fora já gostei de todos. Sinto que é um lugar de paz. Se me guiaram até aqui, é porque existe um motivo, e quero ficar, meu amigo!... Ainda mais sabendo que a pessoa que me ajudou com tantos ensinamentos está aqui. Serei sempre grato por isso!

– Obrigado, Barnabé. Eu também serei sempre grato por ter conhecido você. – disse Joaquim, e começou a caminhar. – Agora vamos. Não gosto de passar vontade de tomar café.

Enquanto Joaquim preparava o café, eu arrumei a mesa. Servimos nossos copos e ficamos saboreando aquele gostoso café.

Eu ficava observando Joaquim. Ainda custava a acreditar que ele estava vivo. Ele era um grande homem. Os Orixás o protegeram quando precisou.

Depois de algum tempo saímos da casa. Joaquim levou uma jarra para continuarmos a tomar café. Sentamos em um banco, ele acendeu um cigarro de palha e ficou olhando todos os moradores da vila.

Eu estava quieto. Não sabia o que dizer, pois o olhar dele estava ali, mas seus pensamentos pareciam estar em outros lugares.

Pouco tempo depois, Joaquim voltou a dialogar comigo.

– Aceita mais café, Barnabé?

– Obrigado, amigo. Estou satisfeito.

– Não sei você, Barnabé, mas eu não gosto de tomar café amanhecido. Fiz uma boa quantia para nós dois bebermos. Se não me ajudar a tomar, terei de jogar fora.

Peguei o copo e me servi. Em seguida me dirigi a ele...

– Amigo... Posso fazer uma pergunta?

– Claro, Barnabé! Se eu puder responder...

– Pedro disse-me que você sabia que eu estava por perto e pediu para ele e Luiz irem à minha procura... Como sabia que eu estava ali e que eles iriam me encontrar com vida?

– Eu não sabia que eles iriam lhe encontrar com vida! Só sabia que você estava por perto!

– Tudo bem, mas como sabia?

– Barnabé, o que você pediu em sua prece no último dia em que se encontrou com o Feitor?

– Pedi ao Criador que perdoasse todos os meus pecados, que olhasse pelos amigos que ainda viviam no engenho e pedi por você, meu amigo! ... Pedi que o guiasse para ter paz, pois já tinha uma idade bem avançada.

– Depois que foi jogado na estrada e acordou entre matos e terras, onde permaneceu por alguns dias... O que pediu em suas preces?

– Novamente pedi ao Criador perdão pelos meus pecados. Pedi a Ele que tivesse misericórdia, pois não estava mais aguentando, não tinha mais forças. Também pensei em você, Joaquim. Não queria que meu grande amigo tivesse passado por tudo aquilo.

– Aí está a resposta para sua pergunta, Barnabé! Nas duas vezes em que achou que seria seu fim, você elevou seus pensamentos ao Criador e aos Orixás. No momento em que fazia suas preces, eu era intuído a fazer o mesmo. Eu não entendia o motivo daquela intuição, não sabia qual seria seu destino, mas sentia que deveria continuar. Em minha prece pedia por você e por todos. Pedi ao Criador e aos Orixás que nos dessem um sinal para mostrar que você não estava sozinho e que eles iriam ampará-lo daquele sofrimento. Foi aí que vi várias estrelas no céu se tornarem uma única e enorme estrela que brilhava muito, e percebi que era um sinal. Sentia que estavam ouvindo minhas preces. Então pedi ao Criador que, se aquela estrela fosse um sinal, que você a visse e entendesse da mesma forma. Você me incluiu em suas preces e eu o incluí nas minhas e, por causa disso, nossos mentais foram ligados. Nós não sabíamos o que aconteceria, mas Deus sim!... Por isso manteve nossos mentais ligados. Quando percebi isso, procurei segui-lo pelo seu mental para ver se conseguiria lhe ajudar de alguma forma. Quando o jogaram na estrada, procurei manter-me sereno para não perder a visão. Pedia em prece aos Orixás que cuidasse de você, que fosse forte para chegar ao seu destino. Mas, quando você adormecia, eu não conseguia ouvir seus pensamentos, e isso se deu porque você ficava inconsciente e, nesses momentos, só me restava esperar você acordar para que eu pudesse continuar a lhe acompanhar.

Eu estava atento... e pasmado. Não por não acreditar, mas sim pela forma que nos ajudaram. Foi simplesmente incrível a forma como tudo aconteceu.

Joaquim continuava com sua narrativa.

– Você adormeceu por muitas vezes e, na maioria delas, demorava horas para acordar, e eu esperava. Mas teve um momento em que estava demorando a recobrar sua consciência, esperei por um bom tempo, mas você não voltava. Foi aí que fiz outra prece e, enquanto orava, via águas correndo e muito mato ao lado. Continuei com minha prece e, durante ela, vi você deitado entre folhas ao lado dessa água, foi quando chamei Pedro e Luiz e descrevi a visão que tive. Pedro é um grande explorador. Conhece muito bem os arredores desta vila. Eu apenas disse seu nome e pedi para seguirem sempre na direção da correnteza de água... Foi desta forma que descobri onde você estava e por isso lhe disse para agradecer ao Criador e aos Orixás... Fui apenas um instrumento para que pudesse encontrá-lo, Barnabé.

– Vejo que tenho muito a aprender sobre o Criador Maior e os Orixás, meu amigo.

– Com o tempo você irá aprendendo, Barnabé. E terá muito tempo enquanto estiver nesta vila.

Ficamos conversando por horas. Joaquim contou-me um pouco sobre a vila e como as pessoas viviam. Disse que muitos que chegavam construíram casas e constituíam família. Não eram obrigados a trabalhar para outras pessoas, e sim apenas para sobreviver.

Com o cair da noite, Joaquim convidou-me para dormir em sua casa, onde morei por um bom tempo. Ele tratou de todas as feridas de meu corpo, que cicatrizaram em aproximadamente duas semanas.

Com o passar dos tempos construí uma pequena casa próxima à de Joaquim. Tive ajuda de muitos amigos. Alí morei com minha família

Na plantação, eu ajudava Pedro e Luiz. Já estava acostumado a trabalhar nas lavouras, mas naquela eu trabalhava com prazer, pois sabia que era para meu próprio sustento e de todos os que moravam naquela vila.

Em nossos cultos, Joaquim sempre pedia que eu ficasse ao seu lado. Muitas coisas que não pôde me ensinar quando éramos reféns, ensinou-me ali. Mostrou novas magias com as ervas, como usar cada uma delas e tudo o que ele sabia sobre os Orixás.

Durante anos, muitos casos de cura iam aparecendo; eu sempre ajudava, Joaquim apenas observava. A cada cura Joaquim dava um sorriso, incentivando minha evolução... Cada sorriso de Joaquim era um aprendizado a mais para meus conhecimentos.

Foi assim durante alguns anos e eu estava muito feliz com tudo o que estava acontecendo.

Mas minha felicidade não iria durar muito, pois eu estava prestes a ouvir algo que nunca quis.

Triste notícia

Depois que cheguei à vila, Joaquim viveu por mais dez anos. Ele já estava com idade bem avançada. Seu corpo demonstrava sinais de fraqueza. No término de sua vida na carne, muitas vezes, ele só ficava sentado embaixo da árvore ensinando alguns moradores. E quando estava sozinho, ficava em prece.

Muitas vezes, Joaquim conversava em particular comigo, passava novos ensinamentos, fazia perguntas para saber se eu havia compreendido o que me ensinava. Ele não falava para ninguém, mas algo me dizia que logo ele iria desencarnar.

Um ano antes de seu desencarne, Joaquim disse que precisava falar comigo. Era em um dia de culto aos Orixás. Quando terminou nosso culto, todos se despediram de Joaquim e começaram a ir para suas casas e, a pedido dele, fiquei ali por mais um tempo.

– Barnabé, sente-se aqui ao meu lado. Preciso contar-lhe algo que já deveria saber há algum tempo, mas tive que esperar você estar preparado para ouvir.

Não foi preciso ter o dom que ele tinha para saber o que iria me dizer. O que não quis ouvir durante os dez anos que estive com Joaquim na vila, escutei naquela noite.

– Bem, meu amigo. Acho que não é segredo o que vou lhe contar, até porque está tão evidente que já deve imaginar o que irá escutar. Já percebeu que estou muito velho, não é mesmo?

Com o semblante triste, assenti levemente com a cabeça.

Joaquim prosseguiu...

– Venho sonhando com o Orixá das almas há algum tempo. Ele vem me preparando para meu desencarne e, agora, preciso preparar você, antes da minha partida, pois meu tempo na terra está chegando ao fim... Para onde vou?... Só o Criador sabe! O tempo que irá demorar meu retorno em carne ou em espírito?... Só Ele tem esse conhecimento! Olhe todo esse povo que está indo para suas casas, Barnabé. Eles irão precisar de alguém para não sentir tanto a minha falta. Alguém que converse e aconselhe nas horas mais difíceis de suas vidas, alguém que saiba vencer o mal com o bem, que possa trazer a cura, se assim for permitido. Além dessas pessoas, outras irão aparecer. Talvez possam aparecer outros escravos fugitivos ou dispensados, assim como aconteceu comigo e com você, e esses também vão precisar de alguém que os auxilie quando chegarem... Já notou que algumas mulheres estão gerando novos frutos em seus ventres?

– Sim, já notei! Parecem muito felizes com isso.

– E de fato estão, Barnabé! Os filhos que elas carregam em seus ventres são de uma concepção legal, algo que fora feito com amor, e não forçado como acontece com algumas que são mantidas como escravas. Mas essas crianças que estão chegando virão puras e indefesas, não indefesas das maldades, até porque todos aqui correm esse risco, mas indefesas de conhecimento, e alguém precisa estar aqui para passar isso a elas.

Eu apenas concordava com tudo o que ele dizia...

– Olhe para seu passado, Barnabé! Veja tudo o que lhe aconteceu, todo sofrimento que passou! Ainda pequeno, era submetido a trabalhos escravos. Podiam ser leves, mas não deixavam de ser um trabalho escravo. Por mais que tenha pensado, nunca tentou tirar a própria vida ou de outros. Não pense que só você teve esses pensamentos, muitos tiveram, eu mesmo já tive! Mas sempre buscava ao Criador pedindo sabedoria, para que naquele momento pudesse abrandar meu coração para não agir contra Sua lei, e você aprendeu e fez o mesmo. Hoje, você tem umas das armas mais poderosas que um homem pode ter, Barnabé... O conhecimento.

– Graças a você, amigo! E aos outros que tanto me ajudaram.

– Fico feliz em saber disso. O pouco de conhecimento que tive consegui passar a você. Não negue esses conhecimentos a ninguém, Barnabé, não os guarde apenas para si, pois assim como um dia me ensinaram e eu pude lhe ensinar... Poderá fazer o mesmo com os que ainda estão por vir.

Eu entendi a mensagem. Estava claro o que Joaquim estava querendo dizer. Mas mesmo assim fiquei inseguro. – Fique tranquilo, meu amigo! Vou procurar ajudar com os ensinamentos que me passou, mas não sei se serei capaz de ser como você... Você é um grande conhecedor desta vida e do Plano Espiritual... Creio não estar preparado para assumir seu lugar.

– Quem disse que não está preparado, Barnabé?

– Ninguém, meu amigo... Só acho que não sou digno.

– Como pode ter tanta certeza disso?! – Joaquim parecia estar indignado.

– Esse é o problema, Joaquim... Não tenho certeza.

– Por acaso, acha que foi coincidência ter ido parar no mesmo lugar onde fui mantido como escravo? Veja o que aconteceu contigo nos últimos dias que ficou ali! Procure se lembrar do seu último sofrimento, sendo torturado pelo Feitor! Depois disso, foi jogado quase sem vida na estrada, no meio do nada, ficou dias sem ter o que comer ou beber e, para não morrer de fome, chegou a se alimentar de folhas e frutas que caíram na estrada. Nossos mentais foram ligados para que de alguma forma fôssemos juntados no mesmo lugar e hoje, novamente, estamos juntos! Diga-me, Barnabé!... Acha que tudo isso foi por acaso?

Fiquei em silêncio por algum tempo, muitas coisas passavam em minha mente naquele momento, pois tudo o que Joaquim dissera realmente tinha muito sentido.

Voltei um pouco no tempo. Lembrei-me de todo sofrimento que havia passado desde que fui separado de meus pais, até chegar naquela vila. Sim, tudo aquilo tinha um porquê, só precisaria entender e aceitar o que Joaquim estava dizendo. Resumidamente, ele disse que muitos dos que chegariam à vila viriam carentes de conhecimento e alguém precisaria estar ali naquele momento para auxiliá-los, ensinar os segredos das ervas e manter acesa a chama do culto aos Orixás. Alguns moradores não ligavam para seus conselhos, mas estes eram uma pequena parte dos que viviam ali, muitos aceitavam. Os mais antigos tinham conhecimento das ervas e de seus segredos. Sabiam louvar aos Orixás. Além de Joaquim, outros haviam me contado sobre o Plano Espiritual e o que acontece após o desencarne. Diziam que alguns espíritos que eram encaminhados para a luz voltavam para fazer o bem e a caridade, outros não aceitavam essa vida e escolhiam ficar na escuridão. Muitos tinham conhecimento, então, por que dentre tantos, Joaquim escolhera a mim?

Eu estava confuso, não conseguia me ver no lugar de Joaquim. Por mais que tivesse confiança no Criador e nos Orixás, ele era meu ponto de equilíbrio.

– Por que dentre tantos aqui da vila escolhestes a mim, meu amigo?

– Não fui eu quem o escolhi, Barnabé! Você mesmo fez essa escolha!

– Não me lembro de tal escolha!

– Ora, Barnabé! Do jeito que fala, parece o jovem que conheci no engenho. Por acaso, não se lembra de que muitos que desencarnaram, após ficarem algum tempo em espírito, voltam para pagar suas dívidas ou cumprirem com suas escolhas que fizeram no outro Plano, antes de voltar à carne?

– Sim. Você já havia dito isso antes.

– Não sabemos o que fizemos em vidas passadas, mas sabemos que, de alguma forma, iremos pagar essas dívidas. Quando um espírito desencarna e é encaminhado para outro plano, se for permitido, ele fica sabendo o que fez em vidas anteriores e, dependendo do que foi feito, volta para pagar suas dívidas com a Lei Maior ou para cumprir com suas escolhas. Quando esse espírito volta à carne, tudo o que foi dito a ele, o que viu sobre vidas passadas, é apagado do seu mental, por isso muitos não entendem o sofrimento que passam encarnados. Mesmo sendo uma boa pessoa, não consegue entender o porquê de tanto sofrimento. A escolha fora feita em espírito e o segredo só a Deus pertence. Esse é um dos vários mistérios do Plano Espiritual, Barnabé. Quando estamos neste plano, fazemos nossas escolhas e, quando voltamos à carne, podemos ou não aceitar a escolha que fizemos. Todos nós temos uma missão; a minha nesta carne já está chegando ao fim. Eu não sei o que fiz em vidas passadas e também não tenho conhecimento do que você fez quando esteve em outras vidas, mas de uma coisa tenho certeza: fizemos uma escolha, e muitas vezes os sinais são tão evidentes que só nos resta aceitar ou não... Esse é um direito de escolha, meu amigo! Não sei o que pedi para fazer nesta vida, e pelo visto você também não sabe. Mas estou feliz em saber que pude ajudar alguns amigos, e você é um deles. Creio que minha missão nesta carne foi feita, talvez a sua esteja apenas começando, e a escolha só depende de você... Compreendeu, Barnabé?

– Sim, meu amigo. Agora está tudo mais claro.

– Você não irá ocupar meu lugar. Só irá cumprir com sua missão. O principal você já tem!.. O conhecimento! Use-o para ajudar a outros; não deixe apagar a chama do ritual aos Orixás, essa chama já vem de gerações passadas, nossos ancestrais a mantiveram acesa e

nós precisamos mantê-la. Junte-se aos que iniciam os cultos e tenha certeza... O que for para ser feito, os Orixás irão lhe mostrar.
– Muito obrigado pelas explicações, meu amigo.
– Já sabe a quem deve agradecer, Barnabé. Neste momento, só preciso de sua resposta, pois o tempo pode ser longo para você, mas para mim, não mais. E, se a sua resposta for sim, terei de iniciá-lo.

A Iniciação ao Orixá da cura e das passagens

Acredito que não preciso dizer que entendi e aceitei tudo o que Joaquim disse naquela noite.

Dias depois daquela longa conversa, Joaquim se reuniu com os mais velhos da vila e conversaram por um longo tempo. Tudo o que fora dito entre eles até hoje eu não sei, mas alguma coisa me dizia que estava relacionado com a conversa que Joaquim teve comigo dias atrás.

Algumas semanas depois da conversa com os mais velhos, Joaquim disse que haveria um culto diferente aos Orixás e, neste dia, eu deveria estar presente, pois seria apresentado ao Orixá da cura e das passagens.

No dia marcado, tudo estava preparado. Era noite, os amigos mais antigos com quem Joaquim conversara antes estavam ali. Todos sabiam o que iria acontecer, eu era o único que não sabia.

Joaquim e os outros haviam preparado o local onde eu ficaria.

– Barnabé, hoje você não vai ficar ao meu lado. Ficará aqui! – e apontou para o local. Era bem no centro onde eram realizados nossos cultos.

Ali havia uma esteira feita de palha. Joaquim pediu que eu deitasse sobre ela... Começava um ritual de iniciação ao Orixá da cura e das passagens.

Todos iniciaram uma prece. Comecei a ouvir batidas nos couros, mas procurei não ficar olhando para não perder minha concentração.

Afim de ver algum sinal, eu olhava para as estrelas, mas não via nada. Então resolvi fechar meus olhos e deixar que Joaquim e os outros fizessem o ritual.

Naquele momento comecei a sentir uma energia em meu peito. Era a mesma energia que senti quando ajudei pela primeira vez Joaquim na cura de nosso amigo, quando ainda éramos escravos.

Depois de algum tempo percebi que os sons dos couros haviam parado, também não ouvia mais as preces. Abri meus olhos, vi que todos estavam ali e, ao notar que eu os observava, Joaquim cobriu meu rosto com palhas.

Voltei a me concentrar. Em minha mente fazia preces agradecendo por aquele momento, sabia que podia confiar em Joaquim, ele sempre foi muito sábio, ajudou-me desde a minha chegada ao engenho e ali estava ele novamente me ajudando.

Algum tempo depois comecei a ouvir um canto. Todos estavam louvando ao Orixá da cura e das passagens. Em seguida fechei meus olhos, os sons dos couros voltavam, aos poucos iam ficando mais forte, voltei a sentir a energia em meu peito. Sentia que ela ia subindo lentamente, comecei a ver várias coisas em minha mente, mas não sabia o que via, só sentia que eram boas.

Naquele momento meus pensamentos viajavam, eu não conseguia mais sentir as palhas que estavam debaixo de meu corpo. O canto e os sons dos couros ficaram distantes, imagens embaçadas foram aparecendo em minha mente, mas procurei manter meus olhos fechados para não perder a concentração.

Depois de algum tempo, não conseguia mais ouvir nenhum som, todos estavam em silêncio. Pensei que tudo havia terminado, então abri meus olhos. As palhas não os cobriam mais e foi aí que percebi que eu não estava mais na vila. Ao meu lado não havia nada nem ninguém, encontrava-me sozinho.

Comecei a fazer uma prece. Orei ao Criador Maior e a todos os Orixás. Pedia sabedoria e conhecimento para ajudar aos que estavam por chegar, ajudar a cada um que merecesse e, por fim, pedi ao Criador a sua bênção, e se eu fosse merecedor de estar ali, que fosse mostrado de alguma forma.

Naquele momento, uma forte luz apareceu em minha frente. Tive a impressão de ser uma pessoa que a carregava em minha direção, mas não conseguia ver quem era, a luz ofuscava meus olhos.

Quando chegou próximo a mim, a luz se dividiu em sete fachos que ficaram mais fortes, aumentando a dificuldade de ver quem estava atrás delas. Eu não sabia o que fazer, mas sentia que precisava escolher uma, mas não sabia qual. Então levei minhas mãos em direção a elas e, com o rosto um pouco abaixado por causa da forte luz, olhei para quem estava atrás dos fachos e disse:

– Seja feita vossa vontade e a vontade do Criador Maior.

Naquele momento, um dos fachos de luz veio em minha direção e parou acima de minhas mãos. Peguei o facho e levei ao meu peito. Senti uma energia muito forte, não consegui controlar minha emoção. Chorei, fechei meus olhos e, ainda chorando, agradeci.

O canto e o som dos couros lentamente voltavam aos meus ouvidos, aos poucos iam aumentando, voltei a sentir as palhas embaixo do meu corpo. Quando abri meus olhos, vi que estava de volta à vila. Ao meu lado estava Joaquim. Sua feição era de felicidade. Os sons dos couros pararam naquele instante.

Tentei levantar, mas não consegui. Sentia que meu corpo estava muito pesado. Um dos amigos ajudou-me a me levantar e a sentar ao lado de Joaquim.

– Sente-se bem, Barnabé? – Joaquim me perguntou.

– Um pouco de enjoo, mas estou bem, meu amigo.

– Logo passa.

– Quanto tempo ficamos aqui?

– Não sei ao certo. Talvez duas ou três horas.

– Não me pareceu tudo isso.

– O tempo deles é diferente do nosso, Barnabé! Por isso que você sentiu essa diferença. Tudo acontece no tempo e da forma que eles planejam.

– Entendi, meu amigo... Posso fazer uma pergunta, Joaquim?

– Senhores, esse é o homem das perguntas – disse ele sorrindo aos outros que ali estavam e, em seguida, se dirigiu a mim. – Barnabé, seja qual for sua dúvida, nunca a guarde consigo, pois uma dúvida pode nos levar a um erro. Procure respostas para todas as suas perguntas e, dependendo de quais forem, terá as respostas na mesma hora ou no tempo certo.

– Compreendi, meu amigo.

– Parabéns, Barnabé! Poucos são os que compreendem e andam no caminho certo, muitos são os que não querem compreender e preferem seguir seus próprios caminhos e você, aos poucos, está compreendendo.

– Muito obrigado, meu amigo. Serei sempre grato por suas palavras.

– Não vai fazer sua pergunta, Barnabé?
– Sim... O que aconteceu durante o culto de hoje? Senti muitas coisas, vi algumas imagens em minha mente, todas estavam embaçadas, então abri meus olhos, mas não vi ninguém e notei que eu estava em outro lugar. Fiz uma pequena prece agradecendo por aquele momento, foi quando apareceu uma luz muito forte. Ela se dividiu em sete fachos. Eu não sabia o que fazer, então abri meus braços e pedi que fosse feita a vontade do Criador e de quem ali estava. Assim que terminei de dizer essas palavras, um dos fachos veio em minha direção, eu o peguei e levei ao meu peito. Senti uma emoção muito grande, não consegui conter-me, chorei muito. Em seguida fechei meus olhos, agradeci e, quando me dei por conta, já estava de volta aqui na vila.
– Você foi apresentado ao Orixá da cura e das passagens, Barnabé!
– Mas isso não foi feito lá no engenho, quando eu ajudei na cura do nosso amigo?
– Ali você só sentiu a força dele! Você não sabia ao certo o que estava fazendo, mas confiou e teve sua ajuda. Mas hoje foi diferente... Você foi apresentado a ele para fazer uma escolha e quando as luzes apareceram à sua frente, você não tomou sua própria decisão, mas a entregou para o Criador e para o Orixá ali presente para que fizesse a escolha certa. Você aceitou ser apresentado a ele quando pegou a luz e a levou ao seu peito... Seu choro foi a prova disso.
– Por que as luzes dividiram-se em sete fachos iguais?
– Isso eu já não sei lhe responder, Barnabé. Talvez elas representam os símbolos sagrados dos Orixás e foi apresentado dessa forma para ver qual seria sua decisão. Como as luzes eram todas iguais, você usou de sua intuição e confiança no Criador e no Orixá presente, pedindo auxílio quando rogou que fosse feita a vontade Deles e não a sua. Não posso afirmar, mas talvez você tenha sido escolhido pela força do Orixá da cura e das passagens e a aceitou quando levou a luz ao seu peito, ou talvez você já houvesse feito essa escolha, e hoje, só veio a confirmar. Esse pode ser mais um dos vários mistérios que existem no Plano Espiritual, Barnabé.

Ficamos conversando por um bom tempo. Os amigos que haviam ajudado Joaquim foram para suas casas, e depois de mais algumas explicações fomos embora.

Naquela noite, Joaquim convidou-me para pernoitar em sua casa. Ficamos conversando por mais um longo tempo. Ele me contou tudo o que já tinha visto sobre o Plano Espiritual.

A conversa estava tão boa que, quando demos por conta, já era madrugada.

– Conversamos tanto que nem vimos a hora passar, meu amigo! Logo estará amanhecendo. Você precisa descansar.

– Eu não me preocupo com as horas quando falo sobre as coisas divinas do Criador, Barnabé! E também não me sinto cansado. Mas você, sim, precisa repousar. A noite foi cansativa para você.

– Eu estou bem, não preciso descansar agora.

– Você não precisa, mas seu espírito sim. Vamos! Troque essas vestes e descanse um pouco.

Procurei não contrariar Joaquim. Troquei minhas vestes e deitei-me. Ele me desejou bom descanso e foi saindo em direção à porta.

– Não vai descansar, meu amigo? – perguntei a ele.

– Estou sem sono, Barnabé. Você precisa de mais descanso do que eu.

Eu não conseguia dormir. Fiquei deitado pensando em tudo o que havia acontecido.

O dia já estava amanhecendo, Joaquim não voltava, comecei a me preocupar. Levantei e fui até a janela para ver onde ele estava, olhei para os lados, mas não conseguia vê-lo. Só havia um lugar onde ele poderia estar... Em seu cantinho de paz. Esse era o nome que ele deu para aquele pequeno espaço embaixo da árvore onde ficava quase todos os dias.

Saí em direção ao cantinho de Joaquim, de longe consegui avistá-lo. Ele estava sentado no toco olhando para o céu, parecia fazer uma prece, então aproximei-me devagar para não atrapalhar.

Percebi que saíam lágrimas de seus olhos, achei que ele estava pensando em seu desencarne que estava próximo e ele sabia disso.

Quando percebi que Joaquim havia terminado sua prece, eu me aproximei e o abracei fortemente. Ele ainda chorava e, abraçado a ele, disse algumas palavras para tentar fortalecê-lo.

– Vamos, meu amigo, não chore! Você é uma boa pessoa! Tenho certeza de que seu espírito terá um bom lugar para ficar após seu desencarne. Em toda sua vida só praticou o bem e o mesmo continuará a fazer em espírito.

– Quem lhe disse que estou chorando porque vou desencarnar, Barnabé?

– Não é por isso? – Perguntei surpreso.

Joaquim olhou para mim e sorriu...

– Ora, Barnabé, claro que não! Eu já aceitei meu desencarne há muito tempo! Creio que minha missão nesta carne chegou ao fim.

– Então, por que está chorando?

– Estou chorando por você, Barnabé!

– Mas por que, meu amigo?

– Estou feliz com sua iniciação, por tudo o que aprendeu desde que chegou ao engenho. Sabe, Barnabé, durante todo tempo que vivi como escravo, tentei ajudar a muitos irmãos. Alguns aceitaram, mas outros, por causa do sofrimento e de humilhações que passavam, deixaram o ódio tomar conta de suas mentes e corações e escolheram seus próprios caminhos, ceifando suas próprias vidas ou vidas alheias... Lembra-se da primeira vez que meu viu, Barnabé?

– Sim! Foi na plantação de cana! Já faz muitos anos, mas ainda me lembro.

– Faz muitos anos mesmo. Você ficou um bom tempo parado olhando para todos e eu fiquei o observando. Havia algo diferente em você, não sabia o que era, mas algo me dizia que precisava ajudá-lo. Não sabia se iria ser fácil ou difícil, mas eu precisava tentar, não podia deixar a fraqueza lhe vencer e ver você terminar como tantos que fraquejaram. Todo conhecimento que eu tinha lhe passei e você aprendeu, mesmo tendo dificuldades e medo, confiou em si e nos Orixás. Muitas vezes pensou em se entregar, mas foi forte e superou. Quando era humilhado e torturado, lutava contra sua própria mente para não desejar o mal e, hoje, você é um grande vencedor, Barnabé! ... Estou muito feliz por ser meu grande amigo! Esse é o motivo do meu choro, um choro de alegria e de dever cumprido.

– Eu agradeço por suas palavras, Joaquim. Sempre agradeço ao Criador por tê-lo colocado em meu caminho. Não sei o que seria de mim se não fosse por você.

– Isso só ele sabe, Barnabé! E se nos uniu até aqui é porque havia um propósito, e acredito que tenha sido concretizado.

– Eu também acredito nisso, meu amigo.

– Você não deveria estar descansando, Barnabé?

– Sim. É que você estava demorando. Fiquei preocupado. Por isso vim até aqui.

– Não se preocupe comigo. Volte para descansar.

– Vai ficar aqui sozinho?

– Já fiquei muito tempo sozinho neste local, Barnabé. Gosto daqui!... Aqui eu sempre fico e aqui sempre quero ficar... Não se esqueça disso... Agora vá descansar.

Voltei para a casa de Joaquim e me deitei. Quando acordei, o café já estava na mesa e, depois de me servir, fui à procura dele para saber como estava. Ele continuava no mesmo lugar, porém havia mais pessoas com quem conversava.

Procurei não atrapalhar e fui aos meus afazeres... Ajudar Pedro e Luiz na lavoura.

O último culto de Joaquim em carne

Havia se passado aproximadamente um ano depois da minha iniciação, Joaquim passava dos noventa anos e já se encontrava bastante fraco. Nos cultos aos Orixás, ele só conseguia ficar sentado, eu e os mais antigos que dávamos início, pois Joaquim não era mais ativo como antigamente, a idade não permitia. Para caminhar, somente apoiado em um cajado ou com a ajuda de outra pessoa.

Na última noite em que Joaquim participou do culto, ele pediu para que eu ficasse ao seu lado enquanto os outros se preparavam para iniciar. Quando começou nosso culto, Joaquim queria que eu fosse ao lado dos demais antigos para participar.

– Vamos, Barnabé! Vá e faça o que aprendeu e gosta de fazer.

– Não, meu amigo! Hoje ficarei aqui ao seu lado! Posso louvá-los daqui mesmo!

– Mas eu gosto de vê-lo cultuando aos Orixás! Vai negar um pedido de um amigo?

Não neguei o pedido. Fui ao centro com os demais e realizamos nosso culto. Muitos moradores da vila participaram daquele lindo momento... Eu me sentia muito bem louvando aos Orixás.

Naquela noite, eu não estava com meus pensamentos somente nos Orixás. Não conseguia parar de pensar em Joaquim. A todo momento olhava e notava que ele estava diferente, não tinha o sorriso de sempre, quando ele mesmo iniciava os cultos.

Enquanto eu louvava aos Orixás, Joaquim ficava assistindo. Olhava para todos fingindo estar feliz, mas eu sentia que ele estava triste. Algumas vezes eu saía para ficar ao seu lado, mas ele não deixava, sempre pedia que voltasse ao culto... Eu não conseguia negar nada ao meu grande amigo.

Até o fim daquela noite, nunca havia negado nenhum pedido de Joaquim. Desde os tempos de escravo até seu desencarne, sempre atendia a seus pedidos, sendo a maioria deles relacionada ao meu aprendizado. Somente um pedido neguei a ele, e esse, foi poucas horas antes do seu desencarne.

Assim que terminou o culto, os moradores que o assistiam foram se despedir de Joaquim. Ele queria abraçar a todos, fiquei de longe observando, pois desde que cheguei à vila, nunca o vi agindo daquela forma. Naquele momento, senti que estava chegando o dia e que aquela poderia ser a última despedida do meu grande amigo.

Quando todos partiram, sentei ao seu lado. Notei que ele estava triste, mas preferi ficar em silêncio.

Fiquei pensando por algum tempo, e durante meus pensamentos... Joaquim me interrompeu.

– No que está pensando, Barnabé?

– Em nada, meu amigo. Só estou descansando minha mente e meu corpo. Depois de tanto cantar e dançar para os Orixás, meu corpo precisa de repouso... Não é mesmo? – e dei um belo sorriso para ele.

– Sim, é verdade. Todos nós precisamos de um pouco de descanso e acho que estou precisando neste momento.

– Vamos, meu amigo. Eu lhe ajudo a chegar até sua casa para descansar.

– Obrigado, Barnabé. Mas prefiro que me ajude a ir até meu cantinho de paz.

– Claro! Apoie-se em mim. Vou levá-lo até lá.

Levei Joaquim até o cantinho em que sempre ficava. Chegamos lá com um pouco de dificuldade, paramos por duas vezes no caminho, pois ele não conseguia andar muito rápido.

Quando chegamos, Joaquim olhou lentamente tudo ao redor daquela árvore, sentou-se no pequeno toco e olhou para uma parte da vila que era visível de onde estávamos. Em seguida olhou para o céu e fez um grande agradecimento em uma pequena frase...

– Obrigado, Pai Amado!

Fiquei observando Joaquim por um bom tempo, de seus olhos caíam lágrimas. Como foi triste ver aquela cena, mais triste era saber que um grande amigo estava partindo e eu nada podia fazer.

Em minha mente fiz uma prece ao Criador e ao Orixá das almas pedindo que ele tivesse um desencarne sem sofrimento, que partisse em paz, pois era uma boa pessoa, só fazia o bem e eu sentia que ele merecia um bom descanso.

Ao término da minha prece, agradeci e fiz o sinal da cruz.

– Já terminou sua prece, Barnabé?

– Sim, meu amigo! Conseguiu ver em minha mente o que eu pedia?

– Não, Barnabé... Esse é um dom que já não tenho mais. Estou muito velho! ... Os Orixás sabem o que fazem.

– Então, como sabia que eu fazia uma prece?

– Você fez o sinal da cruz e eu achei que fizera uma prece... Pode me fazer um favor, Barnabé?

– Claro, meu amigo! O que precisa?

– Preciso que vá até minha casa. Embaixo da cama em que você dormia tem uma esteira de palha... Traga para mim para que eu possa me deitar um pouco.

– Sim, meu amigo, farei isso. Mas não prefere descansar em sua cama? Eu o ajudo a chegar até ela. Não será incômodo algum.

– Muito obrigado, Barnabé. Conheço muito bem seu coração e sei que não se incomodaria em me levar até minha cama. Mas esta noite pretendo ficar aqui.

– Você gosta mesmo desse cantinho. Não é mesmo, meu amigo?

– Sim, Barnabé. De todos os lugares desta vila, aqui é onde me sinto em paz comigo e com o Criador. Gosto de ficar aqui! Aqui eu sempre fico e aqui sempre quero ficar.

Achei aquilo um pouco estranho. Ele já havia dito aquela frase antes, mas mesmo assim procurei não pensar muito.

– Já volto, meu amigo. Vou buscar o que me pediu.

– Muito obrigado, Barnabé.

Fui até a casa de Joaquim para apanhar sua esteira de palha. Aproveitei e peguei duas mantas para protegê-lo do frio e, quando eu estava para sair, senti que precisava pegar mais alguma coisa, mas não sabia o que era, e foi nesse momento que olhei para a cama em que Joaquim dormia. Havia um rosário próximo a ela. Sem pensar muito, peguei e levei para ele.

Quando voltei, vi Joaquim limpando as lágrimas do rosto, mas fingi não ver seu choro.

– Onde a coloco, amigo? – perguntei.

– Pode deixar aqui na minha frente, Barnabé.

Assim que arrumei sua esteira, Joaquim perguntou-me:

– Trouxe mais alguma coisa além da esteira e das mantas, Barnabé?

– Sim, meu amigo! Vi seu rosário e achei que deveria trazer.

Joaquim ficou olhando por algum tempo para o rosário, pude ver que, mesmo com lágrimas nos olhos, ele estava feliz. Naquele mesmo momento, Joaquim olhou para o céu, parecia estar ouvindo alguém, mas eu não sabia quem ou o que ele escutava, mas pude ouvir ele dizer as seguintes palavras: – Sim... Ele está pronto.

"Anos depois, já no Plano Espiritual, eu descobri por que ele havia dito aquelas palavras. Como estava bem próximo do desencarne, ele ouviu alguém dizer que poderia descansar em paz, pois eu já estava preparado para continuar minha missão. Mas até hoje, não sei se ele ouviu de algum Ser de luz ou se foi algum Orixá que disse isso a ele."

Abri a esteira à sua frente. Joaquim pediu-me que o ajudasse a se deitar, e assim fiz. Joguei uma das mantas por cima de seu corpo para protegê-lo do frio e, em seguida, sentei-me e encostei-me na árvore ao lado de Joaquim. Não queria deixá-lo ali, ainda mais sabendo que ele poderia precisar de ajuda, mas ele queria ficar sozinho.

– Vá descansar, Barnabé! Vou ficar um pouco aqui. Logo vou embora.

– Desculpe, meu amigo, mas vou ficar aqui ao seu lado. Vou guardar seu descanso.

– Não tem necessidade de ficar aqui, Barnabé! Só vou fazer algumas preces. Pode ir descansar.

– Eu descanso aqui mesmo, Joaquim.

– Não vai conseguir descansar sentado aqui fora, vai? Eu em seu lugar iria deitar em minha cama que é mais macia do que esse chão de terra.

– Eu já dormi por anos em chão de terra, meu amigo! Estou acostumado com isso! Dormir aqui fora não me fará diferença.

– Já vi que não vou conseguir convencê-lo, Barnabé... Tudo bem... Faça como achar melhor.

Esse foi o único pedido que neguei a ele.

– Obrigado, meu amigo. Pode fazer sua prece agora. Estarei aqui, caso precise de minha ajuda.

Procurei controlar-me para não chorar na frente dele, não sabia exatamente quando seria o seu desencarne, mas sentia que estava próximo, porém... Bem mais próximo do que eu imaginava.

Fiquei acordado ao lado de Joaquim por umas duas horas, procurei não prestar atenção, mas parecia fazer uma longa prece olhando para o céu e eu aproveitei para fazer uma prece ao meu grande amigo. Encostei minha cabeça na árvore e elevei meus pensamentos ao Criador.

Durante minha prece, um sentimento de tristeza tomou conta do meu peito e, naquele momento, Joaquim pegou em uma de minhas mãos, olhou para mim e, com um lindo sorriso, me fez um pedido.

– Seja um grande homem, Barnabé!

– Eu serei meu amigo, fique tranquilo. Eu serei.

Naquele momento, meus olhos começaram a pesar, não consegui controlar meu sono e adormeci.

Até hoje não sei se eu estava dormindo ou acordado quando ele pegou em minha mão e pediu que eu fosse um grande homem. Não sei se era ele em carne ou em espírito. A única certeza que tenho é que aquilo foi sua despedida.

O desencarne de Joaquim

Acordei assustado. Olhei em meu peito e vi o rosário de Joaquim pendurado a ele. Joaquim estava segurando em uma das minhas mãos.

O dia já estava amanhecendo, então achei melhor levá-lo para casa.

– Amigo, acorda! O dia já está amanhecendo!... Vamos! Vou levá-lo até sua casa – chamei-o em voz baixa para não assustá-lo, mas ele não respondia: – JOAQUIM!!!... – chamei com um tom mais alto. – Acorda, amigo!!!

De nada iria adiantar, poderia ficar por horas chamando por ele.

Naquele momento, meus olhos encheram-se de lágrimas... Joaquim havia desencarnado.

Não consigo explicar o sentimento que tive. Perder um grande amigo, que esteve ao meu lado desde que eu era criança, foi muito triste; um amigo que me ensinou muitas coisas, dentre elas, ensinou-me a ter amor ao próximo, não desejar o mal e ajudar a todos os que precisam, sem esperar nada em troca, porque o ganho maior quando ajudamos não é o bem financeiro ou material, mas sim a gratificação de saber que fizemos a caridade. Ele sempre dizia que o Criador está sempre observando e esse é o maior ganho que podemos receber.

De joelhos abracei meu grande amigo. Chorei muito, não queria acreditar, mas aquela era a verdade... Joaquim não estava mais em carne. Eu havia perdido meu grande amigo.

Não podia ficar ali chorando, afinal, já estava feito. Olhei para o céu e pedi ao Criador e ao Orixá das almas que encaminhassem o espírito de Joaquim para um lugar de paz e merecimento, pois eu não sabia para onde o espírito dele iria. O tempo que iria demorar a ser encaminhado só era de conhecimento do Criador. Ele mesmo me ensinou isso. Por mais que fizermos o bem em carne, não sabemos dos nossos atos passados e, se devemos algo, temos de pagar, não importa o tempo, até sermos evoluídos para ficar trabalhando em espírito ou voltar à carne, se assim fosse a vontade de Deus.

Depois que fiz minha prece, levantei e fui até a casa de Pedro para dar a triste notícia. Quando chamei, Pedro abriu a porta assustado.

– O que aconteceu, Barnabé?! Por que está com os olhos vermelhos?!

– Perdemos nosso velho amigo, Pedro! Joaquim morreu!

Pedro não conseguia dizer nada. Ele também não estava acreditando no que acabara de ouvir.

– Onde ele está, Barnabé?!

– Ao lado da árvore!

– Vamos avisar Luiz e os mais velhos!

Além de trabalhar e cuidar das plantações daquela vila, Pedro e Luiz eram quem tomavam a frente para avisar os outros da vila quando alguém partia. Eles sabiam como dar esse tipo de notícia para não abalar a família de quem acabara de partir.

Em menos de uma hora, havia um grande número de pessoas ao lado de Joaquim. Arrumamos seu corpo em sua esteira de palha para que todos pudessem se despedir. Alguns traziam rosas e flores e deixavam ao lado do corpo, todos faziam suas preces em silêncio, eu também fazia as minhas. Agradeci pelo tempo de vida em que aquele grande amigo esteve em Terra, pelos ensinamentos, por todo conhecimento que me passou, que até hoje eu guardo e uso sempre que é preciso.

Depois que terminei minha prece, aproximei-me do corpo de Joaquim, peguei em suas mãos e agradeci por tudo o que fizera por mim. Por ter sido um grande amigo e professor quando esteve em terra e, mais do que isso... Um grande pai. Olhei para seus olhos, mesmo fechados procurei imaginá-los abertos, abaixei-me um pouco à altura de seu rosto e agradeci.

– Obrigado, meu amigo! Obrigado por tudo o que fez por mim!

Ficamos ali até o fim da tarde. Algumas mulheres traziam alimentos e água para os que estavam lá há muito tempo.

Depois de muitas despedidas, afastei-me de Joaquim, precisava pensar um pouco. De longe fiquei observando como ele era querido. Todos gostavam dele, não havia dúvidas, eram poucos os que saíam dali, a grande maioria ficou próximo até o fim.

Depois de algum tempo, Pedro e Luiz me avistaram e vieram em minha direção. Limpei as lágrimas dos meus olhos e fui ao encontro deles.

— Como se sente, Barnabé? — era Pedro quem perguntava.

— Tentando aceitar, Pedro. Mas logo estarei melhor.

— Nós também estamos assim. Ele era uma boa pessoa! Vai fazer uma falta imensa nesta vila.

— Tenho certeza disso, Luiz.

Depois de um tempo em silêncio, perguntei a eles...

— Onde vamos enterrar o corpo?

— Temos um local onde enterramos outros desta vila. Vamos levar o corpo de Joaquim para lá — respondeu Pedro.

— Como quiserem, meus amigos, mas se me permitem, gostaria de me despedir dele pela última vez.

— Claro, Barnabé! Fique à vontade!

— Muito obrigado, Pedro.

Fui caminhando em direção ao corpo de Joaquim para me despedir pela última vez. Pedro e Luiz me seguiam com certa distância. Enquanto caminhava, olhava em volta para tudo o que ele gostava, inclusive o pequeno toco onde ficava sentado e era dali que ele conseguia ver uma parte da vila que um dia o acolheu de braços abertos. Joaquim gostava de ficar à sombra daquela árvore, ora conversando, ora ensinando.

Naquele momento, procurei recordar de tudo o que ele me ensinara, minha mente voltou no tempo. Lembrei-me de quando conheci Joaquim, do dia que o reencontrei naquela vila, dos ensinamentos e das muitas conversas que tivemos... Parecia que estava revivendo aqueles dias.

Quando me aproximei do corpo, comecei a ficar triste, mas consegui controlar minha tristeza, quando me lembrei que ele havia dito já ter aceito seu desencarne. *"Se ele foi forte para aceitar, eu também preciso ser"*, pensei.

Joaquim era um homem muito sábio. Com poucas palavras conseguia colocar muitas coisas em nossas mentes e em nossos corações. Eu me sentia bem quando recordava de tudo isso e procurei relembrar cada frase que ele havia dito a mim. Muitas não consegui me lembrar, mas as poucas que me lembrei, me fizeram bem.

Fiquei mais algum tempo ao lado do corpo de Joaquim me despedindo em pensamento. Dois amigos que moravam na vila chegaram com uma carriola para levar o corpo, mas antes de levarem, ajoelhei-me diante dele para me despedir.

Segurando em suas mãos olhei para o pequeno toco em que ele gostava de ficar sentado debaixo da sombra da árvore, era um lugar muito tranquilo. Quando eu estava ali com Joaquim, sentia muita paz e ele também, e no meio desses meus pensamentos, como por intuição, lembrei-me de uma frase que Joaquim dissera por duas vezes, então consegui entender o seu real sentido: *"Aqui eu sempre fico e aqui sempre quero ficar"*. Sim, era ali que ele queria ficar mesmo depois de desencarnar.

Levantei rapidamente e fui em direção a Pedro e Luiz. Contei a eles sobre a vontade de Joaquim, que por duas vezes havia dito a mesma frase, que demonstrava o desejo de ficar naquele local.

Os amigos já estavam arrumando o corpo de Joaquim na carriola quando Pedro interrompeu...

– Amigos, não vamos levá-lo para onde estão os outros! Ele vai ficar aqui! Joaquim passava muito tempo nesse local. Aqui ele ensinava e gostava de conversar e, quando não os fazia, ficava em suas preces. Por duas vezes demonstrou ao nosso amigo Barnabé a grande paz e tranquilidade que sentia embaixo desta árvore. Vamos enterrar seu corpo aqui mesmo!

Ainda havia um grande número de pessoas. Nenhuma delas fora contra o que Pedro dissera.

Ao lado da árvore foi cavada uma grande cova, no fundo foi esticada a esteira de palha que Joaquim havia passado a noite anterior. O corpo de Joaquim foi enrolado com a manta que o cobria. Fizemos uma última prece em nome do nosso grande amigo e ali ele ficou... No lugar onde sempre gostou de ficar.

Precisava continuar

No começo foi difícil sem a presença de Joaquim, mas eu tinha de continuar. Além de gostar e fazer com amor, esse foi um dos seus últimos pedidos.

Depois que Joaquim desencarnou, permaneci na vila por aproximadamente quinze anos. Sempre visitava o lugar onde seu corpo estava. Ali cresceu um lindo jardim.

Durante o tempo em que permaneci sem a presença dele, pude ajudar muitas pessoas, tanto os que apareciam, como os que vinham dos ventres das moradoras. Todos os ensinamentos que aprendi com Joaquim tive o grande prazer de passar para outros, e quando não sabia, pedia auxílio aos Orixás, que me mostravam através de sonhos ou de intuições.

As curas com as ervas não me deixavam mais em aflição, aprendi que toda cura provinha do Criador Maior e dos Orixás. Bastava apenas confiar.

Não posso negar que me sentia bem mais seguro com Joaquim ao meu lado, mas eu precisava viver a realidade, devia aceitar que ele não estava mais presente para me auxiliar.

O primeiro ano foi bem difícil, mas, com o passar do tempo, fui me acostumando com sua ausência. Se bem que, alguns anos antes de meu desencarne, quase sempre sentia a presença de alguém ao meu lado e, sempre que sentia essa presença, eu olhava para o céu e agradecia: – Obrigado, meu grande amigo!

Ao longo desses quinze anos pude aprender muito, sempre buscava novos conhecimentos para ajudar a todos; eu me sentia bem em poder ajudar. A cada cura e ensinamentos, eu agradecia ao Orixá responsável e ao meu grande amigo, pois foi por meio dele que tudo aprendi.

Todas as noites, antes de dormir, eu fazia uma prece. Joaquim estava em todas elas. Agradecia pela vida, por meus conhecimentos, pelas magias das ervas e por poder ser um instrumento nas mãos do Criador e dos Orixás, pois tudo acontecera por intermédio d'Eles, que me concediam e ainda concedem o dom para ajudar e ensinar.

Quando estava chegando próximo ao meu desencarne, aproveitei uma das noites de culto para conversar com os que ali estavam. Naquela noite, pedi a todos que se aproximassem para ouvir o que eu tinha a dizer e, olhando para todos, fiz das palavras de Joaquim minhas palavras.

– Continuem a servir ao Criador. Não deixem apagar a chama do ritual aos Orixás. Essa chama vem de gerações passadas, nossos ancestrais a mantiveram acesa e nós precisamos mantê-la. Juntem-se com os que iniciam os cultos, busquem conhecimento com os mais antigos, os Orixás sempre estarão olhando por vocês, basta buscá-los em vossos corações. Dificuldades poderão vir, mas com fé conseguiremos a vitória ou teremos forças para suportá-las. Todo sofrimento tem um motivo e, por sermos de carne, muitas vezes não conseguimos entender. Talvez um dia tenhamos as respostas para todas as nossas perguntas, talvez possamos entender por que tantas coisas acontecem e muitas vezes não aceitamos. Não devemos retribuir o mal com o mal, ao contrário disso, devemos pedir sabedoria ao Criador Maior, para que possamos agir da maneira correta segundo sua lei. O conhecimento é a arma que temos contra nossos inimigos; sendo assim, devemos pedir sabedoria e proteção ao nosso Pai e deixar que a justiça seja feita segundo seu julgamento. Façam isso, e talvez um dia possamos nos reencontrar em algum lugar deste vasto mundo... Lembrem-se sempre disso. E por fim, digo a todos vocês, meus amigos... *"Se desejarem o mal, o mal estará ao vosso lado; se desejarem o bem, a paz os acolherá."*

PARTE 2
O Desencarne e a evolução no Plano Espiritual

Palavras do autor

Havia alguns meses que eu tinha terminado de escrever a história do Pai Barnabé e, em um dia em que estava sozinho em casa, sem esperar, ele mais uma vez se fez presente. Pude sentir sua energia se aproximar.

Como não sabia se ele queria passar alguma mensagem, ou se havia se aproximado para dar orientações, comecei a me concentrar para ouvi-lo. Eu não estava errado. Pai Barnabé queria, sim, passar uma linda mensagem.

– Salve vós, meu Pai! Peço a vossa bênção.

– Abençoado seja em nome de Olorum Deus Pai, meu filho.

– Como posso agradecer vossa presença, meu Pai?

– Não precisa agradecer agora. Preto só veio para saber se filho está com tempo para ouvir mais uma história.

– Claro que estou, meu Pai! Esse é um dos dias em que fico em casa sem nada a fazer.

– Bom saber disso. Estais disposto a continuar ouvindo partes de minha história?

– Claro que estou! Aliás, já tenho tudo ao meu lado... Vós permitis que escreva?

– Sim! Mas antes preciso dizer... Se tiver dúvidas e quiser fazer alguma pergunta, faça no final, pois nem tudo posso contar. Além disso, não posso perder a linha de raciocínio.

– Estou de acordo, meu Pai.

Fim... Para um novo começo

A última coisa que me lembro de ter em mente foi a conversa que tive com muitos moradores da vila, quando já estava próximo o meu desencarne, mais precisamente um ano antes dele... Estou certo?

– Sim, meu Pai! Pelo o que contou, essa conversa foi logo depois de um dos cultos aos Orixás.

– Isso mesmo!

Dentre tudo o que conversamos naquele dia, acredito que o mais importante foi o pedido que fiz a todos... Para que sempre mantivessem a fé no Criador e nos Orixás.

Muitas coisas aconteceram depois daquela longa conversa que tive com os moradores da vila. Junto dos mais velhos, eu continuava a ajudar com os ensinamentos deixados por Joaquim. Pedro tornou-se grande mestre nas matas. Luiz também aprendeu muitas magias, mas o que ele mais gostava era de bater nos tambores e cantar para os Orixás. Muitos dos que ali viviam foram iniciados, eu e os mais velhos tínhamos orgulho em poder ajudá-los.

O ÚLTIMO CULTO NA CARNE

Alguns dias antes de meu desencarne, tivemos nosso culto aos Orixás. Já era um costume de muitos daquela vila, mas algo de diferente aconteceu naquela noite.

Eu não sabia por que estava agindo daquela forma, somente anos depois, já no Plano Espiritual, pude entender o que houve precisamente, mas isso só aconteceu depois que fora revelada minha vida na carne.

Com a idade avançada, eu não conseguia participar ativamente dos cultos, não dançava nem cantava. Por muitas vezes ficava somente em prece e, naquela noite, não foi diferente.

Assim que terminamos nosso culto, pedi aos que estavam presentes para darem as mãos. Todos fizeram, inclusive os mais velhos. De mãos dadas fizemos algumas preces e, no final, fiz questão de agradecer a todos, inclusive às crianças, pois o futuro da nossa crença também iria depender delas e, durante o tempo em que fiquei na vila, procurei dar um pouco mais de atenção para aqueles pequenos seres, pois como disse Joaquim, eles viriam indefesos de conhecimento e seria preciso que alguém os ensinasse. Não foi preciso que fizéssemos muito para ajudar aquelas crianças, algumas já nasceram com dons. Nós só fizemos com que entendessem e ajudamos a desenvolver o que estava oculto dentro delas.

Apoiado em um cajado caminhei em direção de cada um, tanto das crianças como dos adultos, agradecendo a todos com um longo abraço e repetindo as mesmas palavras: *"Que nosso Criador Maior o abençoe e guarde seus caminhos. Nunca perca sua fé em nossos sagrados Orixás"*.

Depois de algum tempo, eu já não conseguia ir em direção a todos. Percebendo isso, Pedro tomou a iniciativa, colocou dois bancos próximo de onde eu estava para que pudesse me sentar e receber os moradores presentes no culto.

Esse gesto de despedida já era um costume dos moradores da vila, pelo menos foi isso que notei desde o desencarne de Joaquim. Sempre que alguém com idade avançada se despedia daquela forma, alguns dos mais velhos já compreendiam que o desencarne estava próximo.

Quando conheci Pedro, ele ainda era um jovem muito disposto, não tinha mais que trinta anos, mas próximo ao meu desencarne já estava com mais de cinquenta e também iniciava aos que queriam aprender magias nas matas.

Sentado no banco me despedi de todos, Pedro foi o último. Ele se aproximou de onde eu estava, sentou-se à minha frente, me deu um abraço muito forte e ficou olhando em meus olhos por algum tempo.

Ele chorava, mas era um choro de agradecimento:

– É quase impossível de acreditar na mudança que tivemos após sua chegada e a de Joaquim nesta vila, Barnabé! Eu ainda era muito novo quando Joaquim chegou, mas lembro-me de muitas coisas. Muitos dos que não davam atenção aos conselhos dele e dos mais antigos, hoje são iniciados e louvam aos Orixás com muito amor, e isso continuou depois que ele desencarnou. Graças à sua grande sabedoria e aos ensinamentos deixados por Joaquim!

– Eu agradeço por suas palavras, Pedro. E também sempre agradeço aos ensinamentos que recebi. Joaquim deixou um grande legado para todos nós e cada um teve seu tempo para aceitar e ter seu aprendizado.

– Sim, Barnabé!... Pena que nem todos aceitaram quando criança.

– Engano seu, meu amigo!... O homem é como uma semente que plantamos. Algumas delas não precisam de muitos cuidados ou serem regadas todos os dias, pois o próprio tempo e a natureza cuidam de sua evolução. Porém, existem algumas sementes que precisam de mais atenção e de cuidados, precisam que sejam sempre regadas e que lhe sejam tiradas algumas partes mortas ou estragadas, para que essas não influenciem em sua evolução. Por isso que se engana quando diz essas palavras, Pedro. Os que não aceitaram quando criança, são como essas plantas que o tempo e a natureza cuidam. E os que aceitaram ainda cedo, são aqueles que precisavam de atenção e cuidados.

– Você tem toda razão, Barnabé! – disse Pedro.

Já estávamos quase no fim da noite, muitos já haviam ido para suas casas, apenas alguns amigos ficaram conversando entre si e eu continuava a conversar com Pedro.

– Anos atrás, quando eu ainda era um escravo, tive muitos pensamentos ruins e Joaquim me ajudava tirando-os da minha mente. Esses pensamentos eram as partes estragadas que estavam dentro de mim e, com suas palavras, Joaquim me regava, fazendo-me amadurecer. Mas nem tudo foi fácil para mim, Pedro! Ele também fora muito rígido! Muitas vezes agia com firmeza e, desta forma, fazia com que eu enxergasse meus erros. Só assim pude seguir pelos caminhos de luz. Joaquim fez isso por muitos anos e da mesma forma fiz com nossos amigos desta vila.

– Sim, Barnabé! Joaquim gostava do que fazia. Tinha muito amor e paciência em ajudar e ensinar.

– Você está certo, Pedro! Ele teve grande paciência em me ajudar desde os tempos em que éramos escravos, e eu procurei ter a mesma paciência com nossos irmãos.

Depois de algum tempo de conversa, Pedro percebeu que eu já estava cansado e precisava de repouso. Ele se ofereceu para me levar até a casa onde eu morava, e, como muitas vezes, eu só conseguia caminhar com um cajado, aceitei sua ajuda.

"Acredito que Pedro não sentia que meu desencarne estava próximo. Ele nunca demonstrou esse dom durante os anos em que morei na vila, mas naquela noite, Pedro agia de uma forma muito estranha. Parecia sempre querer estar ao meu lado."

Chegamos à casa em que eu morava com minha família. Pedro me deu um abraço e disse algumas palavras que me trouxeram mais paz de espírito naquele momento.

– Tenha um bom descanso, Barnabé! Que nossos Seres de Luz guardem seu repouso e que sempre seja abençoado por nosso Criador, onde quer que esteja.

– Que assim seja, Pedro! Desejo o mesmo a você e a todos desta vila. Obrigado por me ajudar... Tenha um bom descanso, meu amigo.

Pedro seguiu. Da porta da minha casa fiquei observando até o perder de vista.

Ainda do lado de fora olhei para o céu e agradeci ao Criador e aos Orixás por ter conhecido todos daquela vila, inclusive Pedro, pois graças ao grande conhecimento que tinha dos arredores da vila, ele conseguiu me encontrar em meio às matas.

O DESENCARNE

Três dias depois do último culto aos Orixás veio meu desencarne. Eu já esperava por ele, estava seguro do que poderia acontecer independentemente do plano para o qual eu fosse encaminhado. Durante o tempo em que fiquei em carne, pude absorver muitos conhecimentos desses dois planos espirituais: o Plano Espiritual e o plano que chamávamos, na época, de plano da escuridão.

Eu não sabia o dia nem a hora de meu desencarne, não tinha ideia de como seria, mas já havia aceito e não tive sofrimento, graças ao Criador e ao Orixá das passagens.

"Após meu desencarne, não consegui lembrar-me de toda minha vida, eram poucas as lembranças que tive logo que acordei no Plano Espiritual. No início, só consegui me lembrar que era noite, eu estava em casa e passei boa parte do tempo acordado fazendo muitas preces com um rosário em mãos. Era o mesmo rosário que Joaquim usava, ele havia deixado em meu peito, antes do seu desencarne."

Naquela noite fiquei conversando por um tempo com minha família e, assim que todos foram dormir, pedi ao Criador que guiasse seus caminhos. Fiz um agradecimento aos Orixás e fui descansar.

Eu estava bem. Era como se uma paz muito grande tomasse conta de toda a casa naquele momento de prece. O sentimento que tive era tão intenso que, por alguns momentos, consegui me esquecer das fortes dores que carregava há anos em razão do avanço de minha idade. Mas tudo não passava de obra do Criador, pois ali começava um novo ciclo em minha vida.

Um novo começo

Não sabia por quanto tempo havia adormecido nem como fui encaminhado até onde acordei, mas quando despertei, notei que estava em um lugar completamente diferente da casa em que morava.

Olhei para os lados e não avistei nenhum dos que moravam comigo. O quarto em que me encontrava não tinha a vista para a vila e foi naquele momento que notei não estar mais no lugar onde morei por aproximadamente trinta anos.

Eu estava deitado em uma cama, uma manta branca cobria meu corpo, ao meu lado havia um copo e uma jarra com água... Tudo era estranho para mim.

Depois de algum tempo uma mulher entrou no quarto, ela aparentava não ser muito jovem, mas estava muito bem-disposta e mostrava ter grande vitalidade.

Assim que me viu acordado, prontamente veio em minha direção e começou a dialogar comigo.

– Olá, senhor! ... Posso chamá-lo de senhor ou preferes que o chame de Barnabé?

– Pode me chamar de Barnabé. Meus amigos me chamam assim.

– Muito bem... Como se sente, Barnabé?! – perguntou ela muito sorridente.

– Não sei ao certo. Sinto um vazio muito grande dentro de mim e muita sede também.

– Isso é normal! Fique tranquilo. O mesmo acontece com a grande maioria dos que são direcionados para cá. Sente-se na cama e beba um pouco dessa água. Ela é sua.

– Muito obrigado, senhora – agradeci depois de beber a água. – Por que estou aqui?

– Porque precisa ficar em observação!
– Observação?! – perguntei espantado.
– Sim, Barnabé! Muitos são encaminhados para cá, pois mesmo cientes de onde estão, alguns entram em desespero, mas logo acabam entendendo e aceitando e, assim que isso acontece, eu converso com eles para que possam assimilar melhor seu estado.

Eu estava calmo, sentia falta de algo, mas não sabia ao certo o que era. Mesmo assim procurei aceitar o que ela disse.

– Acho que compreendi... Como se chama?
– Pode me chamar de Irmã Cecília. Irei auxiliá-lo por alguns dias até que você tenha plena certeza de onde está e o estado em que se encontra.
– Por quanto tempo ficarei aqui, Irmã Cecília?
– Isso vai depender da sua evolução! Não posso deixá-lo sair sem que esteja ciente do que aconteceu. Mas, mesmo depois de estar ciente, não sairá em menos de três dias.
– Compreendi.
– Muito bem. Preciso atender outro paciente. Enquanto isso procure relaxar sua mente. Isso costuma ajudar a entender o que aconteceu... Com sua licença, Barnabé.

Cecília saiu do quarto, eu continuei sentado na cama, não lembrava de muitas coisas, mesmo assim procurei fazer o que ela disse, encostei minha cabeça e fechei meus olhos. Tentava entender o que havia acontecido, mas nada vinha em minha mente.

Fiquei um bom tempo a pensar, pensei tanto que acabei adormecendo e, quando acordei, percebi que estava no mesmo lugar, mas deitado e a Irmã Cecília não estava no quarto.

Ainda deitado tentei refletir no que acontecera e, naquele mesmo momento, comecei a ter algumas lembranças...

Lembrei-me da última vez em que estive próximo à minha família e que fiz muitas preces naquela noite. Recordei o dia em que estava com Joaquim embaixo da árvore. Era noite e me vi chorando quando ele desencarnou. Eu ainda não sabia quem era Joaquim, mas senti uma ligação muito forte ao vê-lo em minha lembrança.

Não sei por quanto tempo fiquei a pensar, mas depois das lembranças que tive, tudo estava ficando claro para mim.

Depois de algum tempo, Irmã Cecília bateu na porta e entrou no quarto.

– Olá, Barnabé! Tudo bem?

– Acho que agora estou melhor. Não sinto mais o vazio de horas atrás.
– Você quis dizer, dias atrás, não? – Cecília disse sorrindo.
– Dias? Como assim?! Deitei um pouco para pensar, relaxar minha mente como você me pediu! Só dormi por algumas horas!
– Você dormiu por três dias, Barnabé! Mas fique tranquilo! Isso é normal no estado em que se encontra... Conseguiu lembrar-se de alguma coisa?
– Sim! E já tenho plena consciência do estado em que me encontro... Há quanto tempo desencarnei?
– Hoje completam cinco dias. Nossos Irmãos de Luz estavam ao seu lado na última noite em que se despediu de sua família. Eles que o intuíram na despedida.
– Minha família está bem?
– Não sei te responder a essa pergunta. Por enquanto procure se preocupar apenas com você, Barnabé.
– Sim, Irmã Cecília. Farei isso.
– Bem, agora que já tem consciência de seu estado, não irá demorar a conhecer a casa e os arredores dela.
– Muito obrigado, Irmã! Acho que preciso andar um pouco. Não me sinto bem em ficar deitado por muito tempo.
– Já passei por isso e sei muito bem como se sente, mas como eu disse antes, você terá de esperar três dias para sair.
– Estou de acordo!
– Bem, preciso ir. Caso precise de minha ajuda ou queira fazer alguma pergunta, é só ir até a porta e bater três vezes e logo virei.
– Mais uma vez, eu agradeço.
– Sou grata em poder lhe ajudar! Com sua licença, Barnabé.

Irmã Cecília saiu do quarto. Fiquei sozinho por algum tempo. Ficava tentando lembrar de meu passado, mas as únicas lembranças que vinham eram da vila e dos amigos que ali moravam, nada mais viera à minha mente.

Não posso negar que naquele momento tive um sentimento de tristeza, não pelo desencarne, mas sim por todos que estavam na vila. Afinal, havia deixado um lugar onde fui acolhido e fiz grandes amigos por quase trinta anos.

Irmã Cecília me ajudou muito; esse era seu trabalho naquela parte do Plano Espiritual: auxiliar aos que desencarnaram a entender seu estado de espírito e, durante o tempo em que fiquei naquele quarto, ela conversou muito comigo, até que chegou o dia em que eu iria sair.

Eu já estava bem melhor; todo vazio que sentira no primeiro dia não existia mais. A tristeza que senti em deixar grandes amigos transformou-se em alegria, pois sempre que me lembrava, podia ver a feição de felicidade de todos. A cada momento que passava sentia-me muito melhor e, em especial, naquele dia, pois eu iria conhecer outras partes daquele imenso Lar de Luz.

Irmã Cecília entrou no quarto. Em suas mãos carregava umas vestes, ela veio me informar que eu estava pronto para sair.

– Olá, Barnabé! Como está?

– Estou muito bem, Irmã Cecília! Obrigado!

– Está preparado para conhecer a casa e seus arredores? – Cecília estava sempre sorrindo.

– Sim! Claro que estou! Não me sinto muito bem permanecendo em um local fechado. Não sei o porquê, mas parece que estou preso.

– Eu compreendo, Barnabé. Já tem permissão para sair. Troque suas vestes para que possamos ir. Assim que estiver pronto, me avise. Iremos até a sala de um dos responsáveis por esta parte do Plano Espiritual.

– Parte?! – perguntei surpreso.

– Sim, Barnabé! O Plano Espiritual é imenso e você não imagina como! Com o passar do tempo terá permissão para visitar outros lugares.

– Ficarei muito feliz com isso.

– Bem, estarei do lado de fora o aguardando. Me avise assim que estiver pronto.

– Muito obrigado, Irmã Cecília.

– Com sua licença, Barnabé – e saiu do quarto.

As vestes que Cecília trouxe eram bem desconfortáveis, mas com o tempo fui me acostumando com elas.

Assim que terminei de vesti-las, caminhei até a porta e chamei por Irmã Cecília.

– Está pronto, Barnabé?

– Sim!

– Acompanhe-me, por favor.

Seguimos por um corredor largo e imenso. Dos dois lados haviam quartos e, em alguns desses, havia outros espíritos que acabaram de desencarnar.

Enquanto caminhávamos, Cecília ia explicando tudo o que fazia naquela parte do plano.

– Barnabé, este é um dos locais para onde são direcionados os espíritos que desencarnam. Primeiro eles passam por tratamento espiritual em um hospital assim como você passou e, depois de liberados, alguns são direcionados para cá e eu ajudo a tomar conta de todos eles.

– E por quanto tempo eles ficam nesse hospital antes de serem direcionados para esta parte do plano?

– Isso depende. Nem todos recebem o mesmo tratamento. Alguns saem do hospital após alguns dias, porém, outros, precisam de mais tempo antes de serem direcionados.

Observei que muitos espíritos dormiam, mas mesmo dormindo pareciam tristes, e alguns dos que estavam acordados choravam. Não era um choro de dor, mas a cada quarto em que eu passava em frente, um sentimento de tristeza parecia me tomar.

– Irmã Cecília... Posso fazer uma pergunta?

– Claro, Barnabé!

– Tive um sentimento de tristeza quando passamos por alguns quartos e percebi que alguns espíritos choravam... Por que isso acontece?

– Barnabé, não é fácil para alguém que viveu por anos na carne aceitar de uma hora para outra a nova vida em espírito! É normal a tristeza que sentem, acontece com a grande maioria. Mesmo sendo encaminhados para cá, ainda fica um sentimento de perda; por mais que não se lembrem, carregam em sua essência o desejo do que faziam e a saudade dos que ficaram, principalmente de seus familiares... Você se lembra do vazio que sentiu assim que despertou?

– Sim.

– Esse sentimento passou assim que você entendeu e aceitou seu estado de espírito, não passou?

– Sim! Logo que despertei já me senti melhor.

– Isso mesmo, Barnabé. Você entendeu que não estava mais na carne e aceitou seu estado de espírito na mesma hora, e por isso não sentiu mais o vazio e o sentimento de tristeza. É o que esperamos que aconteça com todos aqui, mas isso depende do que estejam sentindo. Eu não tenho autorização para contar-lhes a verdade! Só posso ajudar quando realmente entenderem e aceitarem seu estado de espírito e isso tem que partir de cada um deles, assim como aconteceu com você... Compreendeu?

– Compreendi, Irmã Cecília. Muito obrigado.

— Sou grata em lhe explicar. Se tiver qualquer outra dúvida, terei muito prazer em ajudar.

— Mais uma vez eu agradeço.

— Eu que agradeço, Barnabé... Vamos, a sala dele é logo em frente.

Chegamos à sala de um dos responsáveis daquela parte do plano. Irmã Cecília bateu três vezes na porta. O Ser que estava dentro permitiu nossa entrada.

Assim que entramos, ela me apresentou a ele...

— Olá, senhor Anselmo! Esse é Barnabé de quem lhe falei há pouco.

— Olá, Barnabé! É prazer em tê-lo entre nós! Sente-se, por favor – disse o senhor Anselmo.

— Com sua licença, senhores – Irmã Cecília se despediu.

— Muito obrigado, Irmã Cecília – agradeceu Anselmo.

Sentei-me à frente de Anselmo. Ele estava atrás de uma enorme mesa e em cima dela havia alguns livros.

Anselmo pegou um dos livros e começou a ler, eu fiquei em silêncio, não sabia o que falar.

Pouco tempo depois, Anselmo começou a dialogar comigo.

— Vejo que teve um desencarne sem sofrimentos, Barnabé! Fico feliz em saber!

— Sou grato a Deus por isso, senhor Anselmo.

— Barnabé, não precisa me chamar de senhor, pode me chamar de Anselmo.

— Senhor Anselmo, se me permite, gostaria de tratá-lo dessa forma.

— Tudo bem, Barnabé! Se assim prefere, não vejo problemas. Mas agora preciso saber... Conseguiu lembrar-se de muitas coisas de quando esteve na carne?

— Não muitas. O que trago em minhas lembranças é uma pequena vila onde morei com minha família e com grandes amigos. Nada mais além disso, senhor.

— Com o passar do tempo irá recordar de mais algumas coisas. O importante agora é que tenha plena consciência do estado em que se encontra

— Sim! Não tenho dúvidas quanto a isso.

— Fico feliz em saber, Barnabé, e gostaria de deixá-lo ciente de algo... Enquanto estiver aqui, Irmã Cecília e eu iremos auxiliá-lo no que for necessário. Toda e qualquer dúvida que tiver, poderá tirar conosco, ou com outros irmãos deste plano.

– Eu agradeço, muito obrigado, senhor.

Anselmo conversou por um bom tempo comigo. Assim como Irmã Cecília, ele era um dos responsáveis por todos que chegavam.

Depois de algum tempo de conversa, Anselmo levou-me para o lado de fora. Muitos Seres de Luz estavam ali, fomos em direção a um deles e, quando nos aproximamos, Anselmo apresentou-me a ele.

– Olá, Agenor! Como vai?

– Estou bem, senhor Anselmo!... Como posso lhe ser útil?

– Gostaria de apresentar nosso novo irmão. Esse é Barnabé! Chegou a pouco aqui.

– Olá, Barnabé! É um prazer recebê-lo em nosso lar espiritual! Estou muito feliz em ter mais um irmão entre nós!

– Obrigado, Agenor. Também estou feliz em estar aqui e mais feliz em saber que me aceitaram.

– É sempre bom acolhermos novos irmãos... Mas não fomos nós que o aceitamos. O senhor foi direcionado para cá porque mereceu, nós só fizemos o acolher, assim como um dia fomos acolhidos.

– Mesmo assim, eu agradeço, Agenor. E pode me chamar de Barnabé. Não há problemas.

– Bem, senhores, vejo que já iniciaram uma bela amizade. Vou deixá-los a sós – disse Anselmo e prosseguiu: – Agenor, faria a gentileza de apresentar Barnabé para os outros e mostrar outras partes de onde estamos?

– Será um prazer!

– Barnabé, caso precise falar comigo, sabe onde me encontrar.

– Muito obrigado, senhor Anselmo.

– Com licença, senhores.

Anselmo voltou para sua sala. Agenor me apresentou para outros irmãos daquele imenso lar. Conversei por um bom tempo com muitos deles; todos os dias ele me apresentava novos irmãos. Alguns contavam suas histórias de quando estiveram na carne e outros contavam suas vidas depois que foram encaminhados para aquele plano, e foi desta mesma forma por aproximadamente dois anos.

Quando Agenor não estava ao meu lado, eu procurava ficar com os outros que moravam ali e com os que iam chegando. Tive a oportunidade de conhecer muitos deles e, a cada conversa, novas lembranças eu tinha da vila onde morei.

Agenor tinha muitas funções naquela parte do Plano Espiritual: além de ser um dos que mostravam a casa aos que chegavam, ele tinha outra função muito importante: auxiliar na passagem dos que estavam por desencarnar, levar um pouco de paz de espírito para esses e para os que estavam na carne.

Aprendendo com um Ser de Luz

Certo dia, eu estava do lado de fora com Agenor e com outros Seres de Luz. Conversávamos e trocávamos conhecimentos e, nesse dia, Irmã Cecília veio ao nosso encontro, pois havia uma chamada para Agenor.

– Olá, senhores! – todos a cumprimentaram e ela foi em direção a Agenor.

– Olá, Agenor! Como vai?

– Estou bem, Irmã Cecília! Em que posso lhe ser útil?

– Temos uma chamada em espera! Assim que puder, vá até a sala de Anselmo para que ele possa lhe passar os detalhes.

– Muito obrigado, Irmã Cecília! Será um prazer poder ajudar!

– Obrigada, Agenor – agradeceu Cecília e, em seguida, se dirigiu a mim. – Barnabé, se quiser acompanhar Agenor, já tem a permissão de Anselmo.

– Eu agradeço! Ficarei muito feliz em acompanhá-lo.

Cecília despediu-se de todos e voltou a seus afazeres, Agenor levantou e disse:

– Senhores! Se me dão licença, tenho uma missão a cumprir! Barnabé, gostaria de me acompanhar?

– Claro que sim! Até mais tarde, senhores – eu me despedi de todos.

Fomos ao encontro de Anselmo, pois Agenor precisava saber os detalhes da missão que o aguardava.

Quando chegamos na sala de Anselmo, a porta já estava aberta e ele já nos esperava.

– Olá, senhor Anselmo! – disse Agenor.

– Olá, senhores! Fiquem à vontade, por favor.

Entramos e sentamos à frente dele. Anselmo e Agenor começaram a conversar, eu apenas observava.

– Como posso lhe ser útil, senhor anselmo? – Perguntou Agenor.

– Agenor, temos uma chamada em espera. Gostaria de contar com sua ajuda.

– Claro, senhor Anselmo! Terei imenso prazer em ajudar!

Anselmo passou todos os detalhes para Agenor. Ocorreria um desencarne e seria preciso a presença de alguém no local para confortar a família e ajudar no desligamento do corpo, pois aquele espírito não poderia ficar perdido por muito tempo.

Agenor pegou todos os detalhes e a possível hora do desencarne.

– Alguma dúvida sobre essa missão, Agenor?

– Não tenho nenhuma dúvida, senhor! Pode contar comigo.

– Como eu esperava! – disse Anselmo e, em seguida, confirmou que eu poderia acompanhar Agenor. – Barnabé, caso queira acompanhar Agenor nessa missão, fique à vontade. Acredito que já esteja na hora de ver a vida na carne por um outro lado e creio que será bom para a sua evolução. Caso tenha alguma dúvida, Agenor poderá orientá-lo.

– Eu agradeço e ficarei muito feliz em acompanhar.

– Já tem permissão para tal, Barnabé.

– Muito obrigado, senhor.

– Bem, senhores, creio que seja isso. Vejo vocês ao término da missão – disse Anselmo.

Saímos em direção ao quarto de Agenor. Ele trocou suas vestes, colocou uma manta branca que cobria seu corpo quase que por completo.

– Vamos, Barnabé! É hora de fazer uma viagem para o plano terrestre.

Saímos do quarto de Agenor e seguimos por um corredor que eu nunca havia visto naqueles dois anos. No final deste, havia um longo túnel e dentro tinham várias saídas.

Enquanto caminhávamos, Agenor ia explicando sobre o túnel e todas as suas saídas.

– Barnabé, esse túnel nos levará até nosso destino.

– E essas outras saídas?

– Todas podem nos levar para o mesmo lugar. A diferença entre elas é que, dependendo do tipo de missão que iremos fazer, temos que ir por uma ou outra dessas saídas. Elas que nos preparam para chegarmos ao destino.

– E isso irá depender de cada missão?

– Exatamente! Dependendo da missão em que formos atuar, precisamos chegar ao destino com a nossa energia um pouco baixa para que possamos ter um contato mais fácil com os encarnados. É o que chamamos de nível vibratório, mas isso vai depender de cada caso.

– Então, sempre que formos para uma missão em Terra, seguiremos por esses caminhos?

– Isso mesmo, Barnabé! Existem outras formas de acesso ao plano terrestre, mas creio que ainda não é o momento para irmos por esses caminhos. As viagens são muito rápidas, você pode não se sentir bem. Mas logo estará preparado para este conhecimento também.

– Compreendi, Agenor. Obrigado pelas explicações.

– Eu que agradeço, Barnabé.

Continuamos seguindo pelo túnel. Agenor ia tirando todas as minhas dúvidas sobre a viagem e como deveríamos agir na hora do desencarne.

Depois de uma longa caminhada chegamos ao local. Era uma casa e as pessoas que ali moravam aparentavam ser humildes. Não havia grandes valores, mas pude notar que tinham muita fé em Deus.

Ao adentramos, avistei duas crianças dormindo no primeiro cômodo, não tinham mais do que dez anos. Pareciam muito cansadas.

Fiquei observando-as por um tempo e logo comecei a ter um sentimento de tristeza, mas não sabia o motivo. Em seguida, Agenor chamou-me.

– Vamos, Barnabé! Precisamos ir até o quarto.

Ao adentramos o quarto, vimos um homem deitado. Ele dormia. Ao lado da cama havia duas mulheres e um outro homem. Ele conversava com elas; dizia que da parte dele não havia mais o que ser feito e que elas deveriam orar a Deus pedindo por um milagre. Depois de conversar, ele pegou uma bolsa e se despediu, seguiu pelo cômodo onde estavam as duas crianças e saiu da casa. Em seguida, Agenor ficou olhando para as duas mulheres por algum tempo. Uma delas era companheira do homem que estava deitado, e a outra era irmã dele.

Elas conversaram por algum tempo, em seguida, a irmã saiu para tomar conta das duas crianças que estavam no outro cômodo.

A companheira permaneceu no quarto, mantinha-se em pé ao lado da cama olhando para o seu companheiro, parecia não saber o que fazer. Ela chorava muito, eu sentia que precisava ajudá-la, mas não sabia como e mesmo que soubesse, não poderia, pois era Agenor quem fora direcionado para tomar conta da missão e eu deveria respeitar.

Ela continuava chorando, Agenor ainda a observava. Ele estava esperando o momento certo para agir.

– O que iremos fazer agora, Agenor? – perguntei preocupado. – Ela está chorando há muito tempo!

– Temos que esperar, Barnabé! Esse momento ainda é dela! Precisamos deixá-la chorar. Acredito que já deva estar aceitando o que irá acontecer.

Depois de algum tempo, Agenor começou a agir, colocou-se atrás dela e ergueu suas mãos. Delas saíram fachos de luz, estes iam em direção à companheira do homem que estava deitado na cama.

Naquele momento ela se ajoelhou ao lado do seu companheiro e segurou em suas mãos. Ainda tinha um semblante de tristeza, mas já havia parado de chorar.

Agenor mudou sua posição ficando ao lado dela. Ele direcionou uma de suas mãos à frente, novos fachos de luz saíram e seguiram em direção ao rosto da companheira, mais precisamente um pouco acima de seus olhos, fazendo com que ela segurasse por mais um tempo as mãos de seu companheiro. Com sua outra mão, Agenor fazia movimentos, ela repetia estes, acariciando o rosto de seu esposo.

Algum tempo depois ela voltou a chorar compulsivamente e, como estava demorando para se acalmar, Agenor teve de agir de outra forma. Ele se levantou e foi até o cômodo onde se encontravam a irmã e as crianças. Ela estava sentada, acariciava os dois pequenos seres que ainda dormiam. Ela chorava, pois assim como a esposa, também não tinha mais esperanças de que seu irmão sobrevivesse.

De frente a ela Agenor começou a agir, direcionou suas mãos e se concentrou. Pouco tempo depois ela limpou suas lágrimas, em seguida se levantou tomando cuidado para não acordar as crianças.

Agenor caminhou para outro cômodo da casa, ela o seguiu, apanhou um copo com água e levou para a companheira do seu irmão. Assim que tomou a água ela se acalmou. A irmã voltou para o outro cômodo, ficando com as crianças.

Depois que a irmã saiu do quarto, Agenor tornou a agir; posicionou-se atrás da companheira e direcionou suas mãos. Novos fachos de luz saíram, dessa vez das pontas de seus dedos, e estes fizeram com que ela juntasse suas mãos à frente de seu rosto e orasse pelo companheiro.

Enquanto ela orava, Agenor falava em voz baixa, parecia querer acalmá-la, fazendo assim com que aceitasse o desencarne de seu companheiro. Assim que terminou de orar, ela ergueu a cabeça e fez um pedido ao Criador.

– Senhor! Entrego meu esposo em suas mãos! Leve seu espírito para um bom lugar!

Naquele momento ela já estava aceitando o que iria acontecer e, percebendo isso, Agenor parou de agir e caminhou em minha direção.

– Bem, Barnabé, agora só nos resta esperar. Sei que é triste ver cenas como essa, mas não temos o que fazer, além de aguardar o desencarne.

– É muito triste mesmo, Agenor, e sei que não temos o que fazer, pois tenho algumas lembranças de quando estive em carne, onde um senhor sempre me dizia para que eu nunca contestasse a Lei Divina.

– Isso mesmo, Barnabé!

Ficamos observando a companheira se despedir e depois de algum tempo, me dirigi a Agenor...

– Agenor... Posso fazer uma pergunta?

– Claro que pode, Barnabé! Sinta-se à vontade.

– O que fazia ao lado dela?

– Apenas passei um pouco de sentimento de paz. Quando direcionei minhas mãos, pude acessar um de seus chacras e, a partir desse contato, passei alguns desejos e vontades a ela. Da mesma forma fiz com a irmã dele que está no outro cômodo. Consegui intuí-la a pegar água para a companheira quando voltou a chorar.

– Então... Desta forma, consegue transmitir desejo e vontade para quem está na carne?

– Sim! Mas nem sempre conseguimos no primeiro momento. Isso vai depender muito do estado emocional de cada um.

– Compreendi.

Ficamos na casa por aproximadamente cinco dias, às vezes voltávamos para nosso lar espiritual para que Agenor pudesse se restabelecer, pois a energia da Terra é muito diferente da do Plano Espiritual e, se um Ser de Luz não estiver certo do momento em que deve se restabelecer energeticamente, pode até não chegar ao fim da missão. Eu mesmo pude sentir isso quando ajudei pela primeira vez.

Durante todo o tempo em que ficamos na casa, Agenor procurava confortar a companheira e todos os que ali chegavam. Ele agiu assim até a hora do desencarne.

No terceiro dia veio o desencarne, havia mais pessoas na casa, todos estavam tristes e a maioria chorava. Agenor tentava ajudar, mas o sentimento de perda daquelas pessoas era tão grande que, no momento do desencarne, ele não conseguiu ajudar a todos, pois tinha que confortar a companheira que sofria muito.

Algumas horas antes do desencarne, Agenor já havia auxiliado no desligamento do corpo. Estávamos apenas esperando o espírito se desligar totalmente.

Assim que chegou o desencarne, percebemos que o espírito saiu do corpo e ficou a olhar toda a cena. Olhava para ele mesmo na cama sem entender o que estava acontecendo, tentava conversar com sua companheira, mas ela não o escutava. Percebendo que a esposa não respondia às suas perguntas, ele caminhou rapidamente em direção à sua irmã e começou a indagá-la o porquê de todo aquele sofrimento, mas ela também não respondia e ele já estava entrando em desespero.

O Ser desencarnado começou a caminhar pelo cômodo indagando a todos que ali estavam, mas ninguém dava atenção a suas perguntas e foi nesse momento que ele notou nossa presença na casa.

Ele percebeu que nós estávamos olhando para ele; veio em nossa direção e perguntou o que havia acontecido. Agenor não respondeu, apenas agiu, direcionou suas mãos para o novo Ser e fez com que ele caísse em sono profundo. Pouco tempo depois apareceram mais dois Seres de Luz e auxiliaram no encaminhamento daquele espírito.

Assim que foi encaminhado, Agenor voltou para o lado da companheira para tentar confortá-la. Aos poucos ela ia aceitando, pois ele trabalhou da mesma forma durante os cinco dias que ali permanecemos.

Agenor não fora encaminhado apenas para aguardar o desencarne, além disso, ele tinha de ter a plena certeza de que os que foram deixados ficariam bem e não iriam permanecer sofrendo por muito tempo. Somente dessa forma aquele espírito poderia iniciar seu novo ciclo no Plano Espiritual.

Assim que retornamos, recebemos a informação de que o novo Ser já estava aos cuidados de Irmã Cecília. Agenor recebeu elogios, tanto dela, como do senhor Anselmo. Eles também me elogiaram, pois Agenor havia comentado sobre minha grande admiração e interesse em querer aprender e ajudar os que estavam na carne. Mas antes de começar a agir em missões, tive que aprender e entender plenamente o que iria fazer, saber a hora certa de falar com os que estavam na carne e o momento certo de intuí-los no que fosse necessário... Precisaria entender a vida na carne por um outro lado.

"Talvez, se eu já soubesse de tudo o que passei e a escolha que fiz na carne desde que despertei no Plano Espiritual, minha evolução teria sido bem diferente. Mas como disse o sábio Joaquim... <Existem algumas coisas que não precisamos entender, apenas agradecer>. E eu sempre agradecia por tudo que fora feito depois do meu desencarne e, se eu ainda estava aprendendo em espírito, era porque nosso Criador Maior quis que fosse dessa forma."

Aprendendo a vida na carne

Durante longos anos estudei os seres na carne. Como agiam, pensavam, seus costumes, a importância que davam às crenças religiosas, como conviviam com suas famílias e com outros na Terra. Esse estudo era muito importante para que pudéssemos ajudar aos que precisavam ou quando fosse preciso intuí-los a fazer algo para sua própria ajuda.

Infelizmente, nem tudo saía da forma como era planejado pelo Plano Espiritual. Isso se dava porque muitos encarnados não queriam trilhar pelos caminhos santos, viviam de forma desordenada, sem nenhum tipo de amor em suas vidas ou vidas alheias.

Anselmo e muitos outros me ensinaram que nossa missão era apenas ajudar sem interferir na vida de qualquer Ser encarnado, pois além do direito de escolha, existiam aqueles que estavam em débito com a Lei Maior e não mudariam o rumo de suas vidas, mesmo se tentássemos interferir, pois tinham de pagar seus débitos de atos e ações incorretas que cometeram naquela ou em outras vidas. Joaquim já havia me ensinado isso, mas só consegui me lembrar anos depois.

Durante muito tempo acompanhei Agenor e outros Seres de Luz em missões, procurava ficar atento em todas as suas ações, a forma como agiam e como se comunicavam com os seres na carne, pois assim como muitos, um dia eu precisaria ajudar.

Estava no caminho certo

Eu já estava naquela parte do Plano Espiritual há alguns anos e, durante estes, acompanhei muitas missões. A cada missão que acompanhava, novos conhecimentos adquiria, mas nunca os guardava apenas comigo, procurava sempre passar para outros, não a fim de me enaltecer, mas sim para que eles se estendessem para muitos Seres de Luz, a fim de poder ajudar os que estavam na carne.

"Dentre tantos ensinamentos deixados por Joaquim, acredito que esse seja um dos mais importantes: Nunca guardar todo conhecimento. Joaquim sempre me ensinou a passá-los para outros, e a conclusão que tiro disso é que ele queria de alguma forma desmistificar, em um futuro distante, ideias erradas sobre religiões de origem afro."

Eu ainda não tinha certeza da minha missão em espírito, mas sentia que estava no caminho certo e Anselmo mostrou-me isso. Nesse dia, eu não estava com Agenor. Ele estava em missão e nem sempre podia acompanhá-lo, pois existiam algumas missões que precisavam de seres mais evoluídos e, no início, eu não estava preparado para todas elas, ainda não havia lembrado de toda minha vida na carne e muito menos da escolha que fiz. Essas lembranças vieram muitos anos depois, mais precisamente alguns anos antes de iniciar na Umbanda e, assim que consegui entender minha vida e a escolha que fiz quando estive na carne, tudo fluiu rapidamente, até mesmo minha evolução, pois tudo estava oculto dentro de mim. Foi como se, da noite para o dia, eu houvesse adquirido novos conhecimentos.

No dia em que soube estar no caminho certo, eu estava conversando com alguns Seres de Luz. Irmã Cecília veio até nós...

– Olá, senhores! – todos a cumprimentaram e ela veio em minha direção. – Barnabé, assim que possível vá até a sala de Anselmo. Ele precisa conversar com você.

– Obrigado pelo recado, Irmã Cecília! Já estou a caminho!

– Eu que agradeço, Barnabé! ... Com licença, senhores.

Irmã Cecília voltou a seus afazeres, eu me despedi de todos e fui até a sala de Anselmo.

– Olá, Barnabé! Entre, por favor.

– Com licença, senhor.

– Está tudo bem, Barnabé?

– Estou muito bem, senhor Anselmo!... Como posso lhe ser útil?

– Sente-se. Preciso conversar com você.

Fiquei à frente dele. Anselmo me olhava com um grande sorriso e, depois de algum tempo, disse o motivo de ter me chamado em sua sala.

– Barnabé, venho recebendo muitos elogios sobre você! Durante os anos que ficou a acompanhar outros em missões, só venho recebendo boas palavras sobre sua admiração e interesse em querer aprender.

– Gosto de ajudar, senhor Anselmo! Não sei o porquê, mas parece que já carrego esse desejo há muitos anos.

"Eu ainda não lembrava tudo o que havia vivido em minha última vida na carne e não me preocupava em descobrir, pois o grande mestre Joaquim disse-me por muitas vezes que eu só iria me lembrar se fosse permitido pelo Criador Maior, no tempo certo, e aquele não era o momento de ser revelado. Sempre que eu tentava me lembrar de alguma coisa, apenas a vila onde morei e algo relacionado a sofrimento vinham em minhas lembranças, mas não conseguia associar nada."

Anselmo desconfiava que eu havia passado por muito mais coisas na carne do que ele ouvira logo que cheguei ao Plano Espiritual. Ele sabia que havia algo relacionado a sofrimento, pois fora avisado pelos seres que aguardaram meu desencarne que havia muitas marcas em meu corpo. Sim, eles notaram isso, pois ficaram por um bom tempo na vila antes do meu desencarne.

– No momento certo irá entender o porquê desse desejo em querer ajudar, Barnabé, fique tranquilo.

– Ficarei, senhor, não tenho pressa quanto a isso. Estou feliz em poder estudar e acompanhar outros irmãos em missões.

– Também fico muito feliz em ver sua dedicação, Barnabé! Por isso pedi para falar com você. Vou lhe fazer uma pergunta e gostaria que fosse o mais sincero possível.

– Tem minha palavra, senhor Anselmo.

– Estou feliz em ouvir isso, Barnabé! Mas diga-me... Gostaria de ajudar em missões, assim como outros de nossos irmãos ajudam?

Naquele momento fiquei pasmo, pois viera mais uma lembrança de quando estive na carne. Anselmo notou minha mudança repentina.

– Barnabé, você está bem?! Por que ficou calado com feição de espanto?! – perguntou preocupado.

– Não tenho certeza, mas acho que recebi mais uma lembrança de quando estive na carne.

– Quer comentar sobre?

– Se não houver problemas...

– Barnabé, recebeste uma lembrança que só a ti pertence. Cabe a você decidir se deve ou não comentar.

– Foi tudo muito rápido! Apenas me vi sentado. Em minha volta haviam algumas pessoas da vila. Todos pareciam bem atentos em minhas palavras.

– Compreendi... Aceita um conselho, Barnabé?

– Ficarei muito honrado em receber, senhor.

– Meu conselho é para que guarde todas as lembranças que receber; procure sempre ficar atento, pois, para alguns, funciona desta forma. Elas vêm aos poucos, porém, chegará o dia em que se lembrará de tudo, se assim for permitido.

– Guardarei seu conselho. Sinto que me será de grande valia.

– Fico muito feliz em saber disso e agradeço sua humildade e sua fé, Barnabé, mas ainda não respondeu à minha pergunta.

– Ficarei muito grato em ajudar, senhor Anselmo, mas creio que preciso de mais conhecimentos para ser como Agenor e tantos outros que ajudam aos encarnados.

– Barnabé, cada Ser que é direcionado para o Plano Espiritual tem seu tempo de aprendizado, independentemente para qual parte do plano for encaminhado. Alguns aprendem com mais facilidade, porém, outros levam um pouco mais de tempo para se adaptarem a novas funções. Também existem aqueles que já vieram preparados de outras vivências, mas por algum mistério acabam se esquecendo de suas escolhas e ficam por algum tempo em dúvida, como no seu caso. É normal a dúvida e a insegurança que traz! Isso vem de vidas passadas! Mas tenho certeza de que você é capaz e, se não fosse, não teria lhe chamado aqui.

Anselmo era muito firme em suas palavras, transmitia segurança ao falar comigo.

Ele prosseguiu...

– Alguns dos que aqui chegam já vêm direcionados para certas missões, como no caso do nosso irmão Agenor. Depois de algum tempo ele já sabia que precisaria ajudar em Terra e não demorou muito para evoluir em sua missão. Também existem aqueles que são encaminhados sem nenhum tipo de missão, mas vieram porque mereciam ficar na luz e aqui fazem suas escolhas, como no caso da nossa Irmã Cecília. Em uma de suas vidas em carne, ela cuidava de pessoas doentes, não por ser uma obrigação, mas porque gostava e fazia com amor. Assim que ela chegou ao Plano Espiritual, não havia nenhuma missão ou obrigação que cabia a ela, mas escolheu cuidar dos irmãos que aqui chegam, pois já carregava isso em sua essência... Trazia oculto o amor em ajudar! Talvez esse seja o motivo da sua insegurança, Barnabé. Você não se lembra de sua escolha, mas acredita que tem uma linda missão em espírito. Agora consegue entender o porquê de sua vontade em querer ajudar?

– Sim. Serei sempre grato por suas palavras.

– Sou grato em poder lhe explicar, Barnabé, mas ainda estou aguardando sua resposta.

– Bem, senhor Anselmo, se essa for a vontade do Criador e eu for digno de tais tarefas, ficarei muito feliz em ajudar. E mais feliz em auxiliar aos que precisam e queiram ser ajudados. E estou ciente de que devo sempre respeitar a Lei Maior.

– Sábias palavras, Barnabé! Não tenho dúvidas de que fez a melhor escolha. Sinto que posso contar com você, além de transmitir essa vontade em querer ajudar relatada por muitos daqui, creio que sua ajuda será de grande importância em nossas missões.

Assim que terminamos a conversa fui para fora e fiquei a dialogar com os outros Seres de Luz. Eu estava muito feliz com as palavras que Anselmo havia dito. Todos notaram minha felicidade, alguns queriam saber o motivo dela, mas preferi guardar somente comigo, pelo menos naquele momento.

Aprendendo e evoluindo no Plano Espiritual

Passaram-se uns dois anos após minha conversa com Anselmo. Além de continuar a estudar a vida dos que estavam na carne, havia acompanhado muitos em missões na Terra. Em todas elas eu apenas observava e procurava tirar todas as dúvidas, até que chegou o dia em que eu precisaria ajudar.

Nesse dia, Agenor estava em missão com outros Irmãos de Luz, ele já estava fora do Plano Espiritual há aproximadamente quatro dias, só voltava para se restabelecer ou passar algumas informações necessárias enquanto outros ficavam em Terra para tomar conta da missão. Quando eu não os acompanhava, ficava estudando e procurava tirar algumas dúvidas com os mais evoluídos, e foi em um desses dias que recebi a notícia que iria ajudar em uma missão, e sem que percebesse, continuava a evoluir no Plano Espiritual.

Eu estava do lado de fora, conversava com alguns Irmãos de Luz, quando Irmã Cecília veio em nossa direção, cumprimentou a todos e me passou o recado do senhor Anselmo.

– Olá, Barnabé! Atrapalho sua conversa?

– De forma alguma, Irmã Cecília! Estava apenas tirando algumas dúvidas com esses seres tão evoluídos... Como posso lhe ser útil?

– Anselmo, precisava falar com você, mas somente se não estiver muito ocupado.

– Já estou a caminho, Irmã Cecília.

– Obrigada, Barnabé, com sua licença.

Eu me despedi de todos e caminhei até a sala de Anselmo, ele já me aguardava. Mais uma vez recebi elogios de sua parte por gostar de ajudar e buscar novos conhecimentos.

Aquela não era a primeira nem a segunda vez que eu recebera elogios de Anselmo. Já havia recebido muitos outros, mas nunca me enalteci por tais elogios, ao contrário, procurava sempre me manter sereno, buscar sabedoria com os mais evoluídos, pois não existe conhecimento maior do que aquele que se busca.

Continuamos a conversar sobre meu aprendizado e outras coisas do Plano Espiritual, pois Anselmo ainda não havia mencionado o motivo de ter me chamado em sua sala.

Depois de algumas horas, Agenor retornou de sua missão e recebeu o recado de que Anselmo o esperava.

– Com licença, senhor Anselmo... Irmã Cecília passou seu recado.

– Agenor! Entre, por favor! Estava à sua espera.

Agenor entrou e sentou-se ao meu lado. Anselmo prosseguiu...

– Estava conversando com Barnabé. Falávamos dos elogios e boas palavras que venho recebendo de você e de outros irmãos, sobre o grande interesse que ele tem em aprender quando o está acompanhando em missões.

– Sim, senhor Anselmo! Como eu havia dito antes, Barnabé é um grande aluno. Além de mostrar muito interesse, sempre que tem alguma dúvida ele pergunta e isso o tem ajudado muito.

– Fico muito feliz em saber disso, Barnabé! Mesmo não se lembrando de sua escolha e de todo seu passado na carne, ainda carrega a essência deles dentro de si. É muito gratificante receber seres como você em nosso lar! – disse Anselmo com a feição imensa de felicidade.

– Fico muito honrado com suas palavras, senhor! Sempre agradeço a Deus por ter me encaminhado para a luz.

– Você fez por merecer isso! Sua fé o ajudou a fazer a escolha certa. Confesso que já recebemos milhares de irmãos aqui. Com alguns deles foi preciso que tivéssemos um empenho a mais para que pudessem entender e assimilar suas escolhas, e não posso negar que tivemos esse mesmo empenho com você, Barnabé, porém foi diferente. Mesmo sem entender todo seu passado, o amor e a fé que carregou por anos na carne, está ajudando-o muito.

Conversamos por mais algum tempo, até que Anselmo nos disse o motivo de ter nos chamados em sua sala... E foi aí que fiquei sabendo que iria ajudar.

– Senhores, preciso mostrar-lhes algo que já vem acontecendo há alguns dias.

Anselmo afastou-se um pouco de sua mesa e, ainda sentado, começou a fazer movimentos com suas mãos. Delas, saíram fortes fachos de luz. Fiquei admirado com o que via, mas mantinha minha atenção em tudo o que ele fazia. À sua frente surgiu um portal, e neste vimos uma mulher de, no máximo, vinte anos idade. Ela estava em uma cabana próximo às matas, chorava muito e parecia estar com frio. Ao seu lado estava uma senhora que a alimentava.

Depois de um tempo, Anselmo explicou parte do que havia acontecido:

– Bem, senhores, como podem observar, vemos uma cena muito triste... A jovem que chora foi expulsa de sua casa por seu próprio pai, a senhora que a alimenta é sua mãe. Nos dois primeiros dias, a jovem ficou em uma casa próximo de onde morava, mas seu pai descobriu e não permitiu que ela ficasse ali. Sua mãe entrou desespero, não sabia para onde levar a filha. O casal que havia acolhido a jovem em sua casa cedeu a cabana para que pudesse protegê-la um pouco do frio.

A cena era muito triste mesmo, mas eu mantinha minha atenção nas explicações de Anselmo...

– Hoje completam cinco dias que ela está fora de casa e creio que a cena não irá mudar, a menos que haja uma intervenção de nossa parte e já temos permissão para tal, Agenor. Posso contar com sua ajuda nessa missão?

– Claro, senhor! Se for preciso, posso ir agora mesmo.

– Já se restabeleceu de sua última missão?

Agenor não estava totalmente restabelecido, mesmo assim não se negou em atender ao pedido de Anselmo.

– Estou bem, senhor Anselmo! Creio que posso ajudar.

Anselmo ficou olhando para Agenor por algum tempo, parecia querer ver alguma coisa, mas eu não sabia o que era. Não sei se percebeu algo, mas ele estava certo de que Agenor não podia agir naquela missão.

– Eu agradeço por sua boa vontade, Agenor, mas vejo que não está totalmente restabelecido. Creio que seja melhor apenas acompanhar nesta missão.

Agenor aceitou o conselho e Anselmo se dirigiu a mim...

– Barnabé. Já faz alguns anos que acompanha Agenor e outros em missões. Creio que posso contar com sua ajuda nesta missão e, além disso, acredito que seja hora e também já tem permissão... Posso contar com sua ajuda, Barnabé?

Demorei um pouco a responder, fiquei apreensivo, pois naquele momento viera outra lembrança de quando estive em carne.

Vi que eu estava em um local onde tinha muito mato, próximo havia alguns homens, todos eram negros, e deitado em cima de folhas e matos havia outro, parecia muito ferido. À minha frente estava Joaquim, ele me dizia algumas palavras... *"Confie no Criador e nos Orixás, eles irão lhe ajudar. Basta confiar na sua intuição"*.

– Barnabé, você está bem?! – perguntou Anselmo.

– Sim, estou. Desculpe-me. Acabei me desligando um pouco do plano.

– Mais uma lembrança?

– Acho que sim.

– Se quiser comentar sobre, estou à disposição.

– Creio que não seja necessário comentar sobre ela, não neste momento.

– Como quiser, Barnabé! Como lhe falei antes, as lembranças são suas. Cabe a você decidir se deve ou não comentar.

– Eu lhe agradeço por entender, senhor Anselmo, e gostaria de dizer que pode contar com minha ajuda nesta missão.

– Fico muito feliz em saber disso, Barnabé! Sabia que podia contar com você! Creio que será bem-sucedido e tenha certeza... Não estará desamparado.

Depois disso, Anselmo não disse mais nada, apenas pediu que aguardasse do lado de fora da sala, pois ele queria conversar em particular com Agenor.

Somente depois da missão que fiquei sabendo a conversa que tiveram. Anselmo não nos disse o motivo do pai ter expulsado a filha de casa, pelo menos na minha presença ele não disse nada e eu só fui descobrir o motivo durante a missão. Ele não estava querendo me testar... Anselmo só queria ver qual decisão eu iria tomar diante do que acontecera.

Primeira missão: a evolução continua

Depois de algum tempo, Agenor saiu da sala de Anselmo. Nos dirigimos até um quarto que tinha muitas bolsas; dentro delas, havia alguns itens que um Ser de Luz poderia usar em missões na Terra caso fosse necessário. Agenor pegou uma delas, entregou-me e carregou outra com ele.

Partimos por uma das saídas que davam acesso ao plano terrestre, caminhamos por algum tempo até chegarmos ao local.

Assim que chegamos, vimos que a jovem ainda estava deitada embaixo da cabana, ela dormia. Ao seu lado havia um senhor e sua companheira. Foram eles que cederam a casa quando a jovem fora expulsa e também ajudaram a tomar conta dela nos dias em que ficou fora de casa.

Após alguns instantes, a mãe da jovem retornou. Ela trazia alimentos e uma manta.

Ela começou a dialogar com o casal, dizia que seu companheiro estava irredutível, preferia a morte a ter de conviver com a filha.

Aproximei-me um pouco da jovem e fiquei observando-a por um tempo. Eu estava compadecido; era muito triste vê-la naquela situação. Queria entender o que havia acontecido para que o pai a expulsasse de casa e, naquele momento, comecei a ouvir uma prece e, ao mesmo tempo, um sentimento de culpa e arrependimento tomava conta de mim.

Agenor percebeu minha mudança repentina e, sem demora, se aproximou de onde eu estava...

– Barnabé, você está bem?

– Não sei. De repente comecei a ouvir uma prece. Um sentimento de culpa tomou conta de mim.

– Venha, Barnabé, vamos nos aproximar mais da jovem.

Ao me aproximar, o sentimento de culpa aumentava e a prece continuava. Eu não conseguia entender nada do que estava acontecendo, só sabia que era uma prece porque ouvia as mesmas palavras a todo o momento. "Deus! Eu Lhe suplico! ... Faça com que meu pai me perdoe, por favor!"

Naquele momento, Agenor começou a me orientar. Pediu que eu ficasse o mais perto possível da jovem.

Ajoelhei-me ao seu lado. Agenor prosseguiu orientando-me.

– Agora, coloque suas mãos próximo à cabeça dela e concentre-se! Esqueça todos os que estão ao nosso redor. Sinta apenas o sofrimento desta jovem.

Assim que direcionei minhas mãos para a cabeça dela, comecei a compreender melhor a prece e, naquele momento, Agenor ajoelhou-se ao meu lado.

– Percebe de onde vem a prece que escuta, Barnabé?

– Sim. Vem da jovem! Parece estar arrependida! – falei meio surpreso.

Agenor já sabia de tudo, pois Anselmo o havia assegurado quando ficou sozinho com ele em sua sala. Mas ele não podia me dizer e nem fazer nada, pois fora aconselhado para apenas acompanhar.

Depois de algum tempo, a mãe da jovem começou a chorar, dizia não saber mais o que fazer para mudar os pensamentos do seu companheiro.

O senhor, que estava ao seu lado, tentava confortá-la, mas tudo o que ele falava parecia ser em vão... Ela estava inconsolável.

– Barnabé, levante-se, por favor. Coloque-se à frente da mãe da jovem e estenda suas mãos em direção ao coração dela.

Segui as orientações e ele prosseguiu...

– Muito bem. Agora preciso que feche seus olhos, concentre-se e transmita a ela sentimentos de fé.

Eu tentava, mas parecia não estar dando certo.

– Concentre-se, Barnabé! Esqueça todos os que estão aqui, inclusive a jovem! Esvazie seu mental! Concentre-se apenas na mãe!

Fiz como Agenor pediu e, pouco tempo depois, comecei a sentir algo estranho em minhas mãos. Como não sabia o que era, abri meus olhos para ver e notei que fachos de luz saíam do centro delas e iam em direção ao coração da mãe da jovem.

Agenor notou que eu estava conseguindo atender à missão e continuou a me orientar...

– Muito bem, Barnabé! Continue a transmitir esse sentimento! Tente fazer com que ela sinta isso!

Tentei, mas ela continuava a chorar e Agenor me incentivava.

– Continue, Barnabé! Não desista! Esqueça a jovem! Neste momento, somente a mãe dela é importante para que obtenha o sucesso em sua missão!

Novamente fechei meus olhos, concentrei-me apenas na mãe da jovem, procurei esquecer tudo à minha volta e, naquele momento, veio a mesma lembrança que eu havia recebido antes de irmos para aquela missão. Era Joaquim que estava junto a mim em meio às matas. Ele dizia que confiava em mim e que eu seria capaz.

Tive fé e confiei, aos poucos ela parava de chorar.

Eu ainda estava transmitindo sentimento de fé para a mãe e, pouco tempo depois, ela tomou uma decisão. Limpou suas lágrimas e se dirigiu ao casal que estava junto a ela.

– Serei sempre grata por tudo o que estão fazendo por minha filha!

– Não precisa nos agradecer. Só queremos que se acalme – disse o homem.

– Sim, minha amiga! – era a esposa dele quem falava. – Sente-se e acalme-se. Tudo vai ficar bem! Não gosto de vê-la sofrendo!

– Eu agradeço por suas palavras, mas preciso falar com o pai dela! Preciso mudar os pensamentos dele! Ele não está agindo por si! – disse ela decidida, e concluiu: – Podem tomar conta da minha filha por mais esta noite?

– Vá e converse com ele! Tomaremos conta dela os dias que forem necessários – disse o homem que ajudava a cuidar da jovem.

Naquele momento, Agenor disse que não era mais preciso transmitir sentimentos a ela, pois já estava decidida.

Ela pegou a manta e cobriu sua filha que dormia, disse algumas palavras próximas a ela e, em seguida, se levantou e foi em direção à sua casa.

– Vamos, Barnabé! Precisamos segui-la! – disse Agenor.

– E quanto a jovem? Vamos deixá-la assim? Ela não está bem!

– Ela ficará bem, Barnabé! Vamos!

Seguimos a mãe da jovem até chegar em sua casa e adentramos. Ela começou a procurar por seu companheiro por todos os cômodos, gritava por ele, mas ele não respondia. Pouco tempo depois o encontrou, ele estava no porão. Tinha em suas mãos uma arma.

Eles ficaram se olhando com certa distância. Ele chorava muito. Ela, por sua vez, estava com medo de acontecer o pior.

Percebi que ele não estava bem e a energia do ambiente não retratava tristeza e arrependimento como senti perto da jovem. O que sentia naquele momento era muito ruim, mas como sempre, Agenor estava atento e notou minha feição.

– O que está sentindo, Barnabé?

– Não sei ao certo, mas sinto uma ira muito forte e angústia também! Parece que querem tirar a própria vida!

– Já sabe de onde vem, não sabe?

– Sim. Está vindo dele.

– Isso mesmo! Consegue transmitir mais um pouco de fé a ela?

– Creio que sim.

Posicionei-me em frente dela e me concentrei. Novos fachos de luz saíram de minhas mãos e iam em direção à mãe da jovem.

Pouco tempo depois, Agenor percebeu que ela estava ficando com a feição de brava, mas não era ódio... Ela estava segura do que iria falar para seu companheiro.

Agenor me orientou a não passar mais nenhum sentimento, pois percebeu que a mãe da jovem estava firme em sua decisão.

Ela deu alguns passos em direção ao seu companheiro, eles começaram a discutir, nós tivemos que esperar, não podíamos interferir, pois o momento era apenas deles.

– O que pensa em fazer?!!! Acha que tirar sua vida será a solução?!!! – ela falava em alto tom, mas estava equilibrada e não iria desistir tão fácil.

Ele continuava a chorar, ela tentava de alguma forma fazer com que ele desistisse de cometer uma loucura.

– Veja o que tem em suas mãos! O homem que sempre diz amar e confiar em Deus e está sempre buscando-o em suas orações, agora vai ao encontro da morte como solução do seu problema?

– O que aconteceu não é um problema meu! É um problema da sua filha!

– ELA É NOSSA FILHA!!! – gritou furiosa.

Ele, por sua vez, não cedia, estava certo em sua escolha e foi nesse momento que eu pude compreender o que havia acontecido...

– Não vou permitir que more em minha casa uma filha desonrada! Prefiro a morte a conviver com isso – disse o pai da jovem.

O pai havia expulsado a filha de casa porque ela fora seduzida por um homem. Não houve algo forçado, teve o consentimento da jovem, mas mesmo assim ele não aceitava, pois naquela época, os pais não permitiam que suas filhas tivessem nenhum tipo de contato com seus companheiros, só era permitido depois de se casarem e na presença de um padre, e, na maioria dos casos, era o próprio pai quem escolhia o companheiro para sua filha, era um acordo entre famílias. A maior exigência dos pais daquela época era que o homem que iria tomar a mão de sua filha tivesse boas condições de vida para ter uma esposa, e a exigência da família do futuro companheiro era que a moça fosse pura... Por isso que ele estava enfurecido. Ele era muito popular onde morava, tinha muitos bens, era conhecido por sua fortuna e sabia que, em pouco tempo, muitos iriam descobrir o que havia acontecido com sua filha.

Depois de algum tempo, eles estavam um pouco mais calmos. Ele ainda chorava inconsolável, mas sua companheira não desistia.

– Ela é nossa única filha! Se não voltar para casa, poderá ser atacada ou morrer de frio! Se isso acontecer, sabe Deus quando iremos conseguir ter outra filha!

Ele continuava chorando. Ela então se aproximou dele, mas não o tocou, pois ainda estava com a arma em suas mãos.

Depois de um tempo ele se acalmou e soltou sua arma, ajoelhou-se e ficou cabisbaixo.

Agenor continuou a me orientar.

– Barnabé, direcione suas mãos próximas ao coração deles.

Fiz como Agenor pediu. Ainda sentia a ira que vinha do pai, mas não era como antes, ele estava um pouco mais calmo.

Agenor prosseguiu.

– Agora, concentre-se neles! Transmita sentimentos de amor e união e tente unir a jovem em seus pensamentos.

Eu me concentrei naquela família, aos poucos ele parava de chorar, mas ainda estava muito triste.

Em seguida ela também se ajoelhou e o abraçou, eu continuava a transmitir amor e união, mas não deixava a jovem fugir da minha mente. Em pensamento tentava de alguma forma trazê-la para aquele local.

Pouco tempo depois, a mãe já estava mais calma, mas o pai ainda não sabia o que fazer.

— Não terei coragem de sair de casa! Todos irão saber que tenho uma filha desonrada! – disse, desconsolado, abraçado à sua companheira.

— Não se preocupe com os outros! Ela é nossa filha! Esqueça o que aconteceu! Podemos nos mudar e recomeçar nossas vidas! Mas por favor!... Pelo amor que tens ao Senhor nosso Deus!... Perdoe nossa filha!

— Eu já tentei! Durante esses cinco dias tentei perdoá-la, mas não consigo! ... É melhor que ela fique onde está ou procure outro lar para viver – e olhando nos olhos de sua companheira, ele concluiu: – Não a aceitarei mais como minha filha.

Ela se levantou e se afastou dele, e em um tom firme, disse algumas palavras que iriam mudar seus pensamentos.

— Você ficou louco?! Não percebe as tolices que diz por causa do seu orgulho?! – Ela estava muito firme, fazia de tudo para mudar os pensamentos dele. – Preferes viver com uma filha desonrada ou carregar pelo restante de sua vida o remorso por tê-la expulsado de casa?

Ele nada respondeu e ela concluiu.

— Pense bem, pois não vou deixá-la sozinha! Se minha filha tiver de viver dependente de outros, ficarei ao seu lado!

O homem ficou a pensar. Agenor me orientou a concentrar os sentimentos sobre ele, pois a mãe já estava equilibrada e já dissera tudo o que precisava.

Pouco tempo depois ele se levantou, pegou a arma que estava no chão e, sem dizer nada, correu para outro cômodo da casa. Ela o seguiu.

Ele foi para seu quarto, trocou suas vestes e, em seguida, se dirigiu à sua companheira.

— Obrigado por abrir meus olhos!

Ela não conseguia dizer nada, começou a chorar, mas era um choro de felicidade.

— Onde está nossa filha? – perguntou ele.

— Entre as matas! Próximo ao vale... Vamos! Aceite seu perdão!

Já era noite. Ele apanhou um lampião e saiu em busca de sua filha.

Quando chegamos próximo da cabana, percebemos que a jovem estava acordada. Ela notou a aproximação de seu pai e ficou apreensiva, pensou que ele teria alguma reação ruim contra ela e, com medo, se levantou e correu para dentro das matas.

Todos entraram em desespero, pois era noite e a jovem corria perigo para onde fora.

Percebendo isso, Agenor agiu rápido...

— Barnabé, acredito que o pai vá atrás dela! Consegue intuí-lo na busca?

Tive um sentimento de fé muito grande naquele momento e sem nenhuma dúvida respondi a Agenor.

— Sim, pode contar comigo!

— Ótimo! Ela não deve ir muito longe. Ficará com medo no meio das matas e é possível que pare ou volte para sua mãe — e seguiu a jovem.

A mãe entrou em desespero, não sabia o que fazer. Eu não podia ajudá-la, pois precisava intuir o pai para encontrar sua filha.

Mas não foi preciso que eu fizesse algo para ajudá-lo. Ele mesmo tomou a decisão.

— Fique aqui! Vou à procura de nossa filha! — disse para sua companheira.

— É muito perigoso que vá sozinho! Vou acompanhá-lo! — falou o senhor que tomava conta da jovem.

— Não, irei sozinho! Fique e tome conta de nossas companheiras!

O pai entrou mata adentro em busca da filha. Ele estava perdido, não sabia para onde ir, gritava pelo nome dela, mas ela não respondia.

Eu orei, pedi ao Criador e a todos os Seres de Luz que me ajudassem a conduzi-lo até encontrá-la e, naquele momento, comecei a receber uma intuição.

Em meu mental via os caminhos que deveria seguir, e no meio das matas, luzes trilhavam esses mesmos caminhos.

Não sabia quem estava a me intuir, mas senti que deveria confiar. Olhei para o céu e agradeci e procurei ajudá-lo na busca.

"Somente depois que tudo foi resolvido que fiquei sabendo... Era o próprio Agenor quem me intuía. Ele apenas se concentrou nos caminhos que fizera e imaginou seguindo os mesmos caminhos comigo a seu lado."

O pai da jovem continuava perdido, não sabia para onde ir, então coloquei-me atrás dele e direcionei minhas mãos para sua cabeça e me concentrei nos caminhos de luz que trilhavam nas matas. No começo, ele não seguia, estava muito tenso e preocupado com sua filha, e foi naquele momento que algo veio em minha mente.

Lembrei-me que em algumas missões, Agenor e outros Seres de Luz falavam próximo às pessoas e algumas delas pareciam ouvir e foi isso que fiz.

Comecei a falar próximo dele, tentando colocar os caminhos em sua mente. Não sabia se ele estava me ouvindo, mas estava dando certo.

Ele começou a seguir pelos caminhos que trilhavam nas matas, caminhava gritando pela filha, mas não obtinha nenhuma resposta.

Continuei a intuí-lo, não podia desistir, e depois de uma pequena caminhada, pude ouvir uma voz.

– Barnabé, estou aqui!

Era Agenor. Ele estava ao lado da jovem. Ela estava encolhida escondida em meio às árvores.

Naquele momento baixei minhas mãos e parei de intuí-lo, pois ele já estava perto da filha, mas não conseguia vê-la em meio às arvores. Ele virava o lampião para os lados para ver se a encontrava, mas não virava para o lado em que ela estava.

Fiquei pasmo por alguns segundos, pois viera algo em meu mental. Não foi uma visão de quando estive em carne, mas sim algo que acontecera em espírito...

A lembrança que tive foi da primeira vez em que ajudei Agenor em Terra, quando um espírito estava por desencarnar. Lembrei-me de Agenor fazendo movimentos com as mãos para intuir a companheira do homem que estava na cama e ela repetia esses movimentos acariciando o rosto do seu companheiro pouco antes do desencarne. Sim, era aquilo que eu deveria fazer com o pai da jovem, intuí-lo a movimentos.

Ainda atrás dele direcionei uma de minhas mãos para sua cabeça e a outra para a mão que estava segurando o lampião. Me concentrei e comecei a fazer movimentos tentando de alguma forma colocar em sua mente que precisava virar sua mão para o lado da jovem. Aos poucos, ele começou a direcionar a luz para o lado em que ela estava e a avistou entre as árvores.

Ela estava assustada, não sabia o que seu pai iria fazer. Ele, por sua vez, correu em direção a ela e a indagou:

– Por Deus, minha filha! Você ficou louca?! Por que correu de seu pai?!

– Desculpe-me, meu pai! Achei que iria me castigar!

– Não tenho porque castigá-la, minha filha! Vamos! Saia de onde está! Vim lhe buscar!

A jovem saiu do meio das árvores, era nítido que ainda estava apreensiva, mas confiou em seu pai.

Ele deu um forte abraço em sua filha e ela pediu seu perdão:

– Pai, perdoe-me! Trouxe a desonra à nossa família! Estou envergonhada!

– Eu que lhe peço perdão, minha filha! Fui um tolo ao expulsá-la de casa! Prometo não mais agir de tal forma!

Ainda abraçados começaram a chorar, tudo estava por terminar.

– Venha, minha filha! – disse ele pegando nas mãos dela – Este lugar é muito perigoso a essa hora. Sua mãe está desesperada! Vamos ao seu encontro. De lá voltaremos para nossa casa.

– Não está mais com ódio de sua filha? – perguntou a jovem.

– Eu a amo, minha filha! Nunca irei odiá-la. Agora vamos embora!

Eles voltaram para onde a mãe havia ficado, precisei intuí-lo no caminho de volta, pois estavam perdidos.

Quando chegaram ao local, a mãe os abraçou e começou a chorar, mas aos poucos se acalmava. Ele, por sua vez, agradeceu ao casal que tomou conta de sua filha nos dias em que ela permaneceu fora de casa.

– Obrigado por cuidarem de minha filha! Irei recompensá-los por tal ato.

– Eu agradeço por sua generosidade em querer nos recompensar – era o senhor que tomara conta da jovem quem falava. – Mas não é preciso. O importante é que todos estão bem.

Se ele os recompensou, não chegou ao meu conhecimento, até porque minha missão era ajudar a jovem e unir a família. Mas tudo indica que sim, pois era um homem muito bem-sucedido e tinha muitos bens.

Depois de agradecimentos e perdões, todos que ali estavam voltaram para suas casas. Eu os observava, pareciam muito felizes

– Vamos segui-los? – perguntei para Agenor.

– Não será preciso, eles vão ficar bem. Tudo foi resolvido... Graças a você, Barnabé!

Ficamos observando eles irem embora. Agenor estava bem e eu também, pelo menos achava isso, pois assim que perdemos todos de vista, comecei a me sentir mal, minha cabeça parecia girar.

Olhei para Agenor, mas não conseguia enxergar direito. Era como se estivesse perdendo a visão.

– Barnabé! ... Você está bem?! – perguntou preocupado.

Não consegui responder à sua pergunta. Comecei a perder meus sentidos, meus olhos começaram a fechar... Eu não consegui ver nem sentir mais nada.

Da Terra ao Plano Espiritual

Aos poucos fui recobrando os sentidos. Quando despertei, percebi que estava em um quarto. Não me lembrava ao certo o que havia acontecido, parecia estar com um peso enorme sob meu corpo.

Quando olhei para o lado, vi que Anselmo, Agenor e Cecília estavam próximos. Eles me olhavam, pareciam preocupados:

– Olá, Barnabé! Tudo bem?

– Não sei ao certo, senhor Anselmo. Sinto muito peso em meu corpo e minha cabeça parece girar.

– Reconhece os que estão ao meu lado?

– Sim! Agenor e Irmã Cecília.

Anselmo assentiu com a cabeça e deu um leve sorriso olhando para Agenor, que também estava sorrindo... Pareciam saber que eu estava bem.

– Por que estão aqui? Está tudo bem comigo, senhor Anselmo? – perguntei preocupado.

– Sim, Barnabé! Agora está tudo bem! Ficamos preocupados com você, mas já vimos que está bem melhor. Estamos muito felizes com o resultado da sua primeira missão em Terra!

Lembrei-me de tudo. Agenor e eu fomos direcionados para ajudar a uma jovem que havia sido expulsa de sua casa.

– Como está a jovem e seus pais? – perguntei.

– Estão bem, graças à sua ajuda, Barnabé – respondeu Agenor.

Tentei levantar, mas minha cabeça girava muito. Sentia-me fraco e só consegui ficar sentado.

– Não estou me sentido bem.

— Irmã Cecília, faria a gentileza de buscar água para que Barnabé possa beber?

— Claro, senhor Anselmo! Eu não demoro.

Cecília voltou com uma jarra cheia de água. Bebi quase a metade dela.

Aos poucos fui melhorando, já não sentia minha cabeça girar.

— Sente-se melhor, Barnabé? – perguntou Anselmo.

— Sim! Muito obrigado pela preocupação de todos. O que aconteceu para que eu ficasse assim?

— Fique tranquilo, Barnabé! Isso é o resultado da sua missão em Terra – respondeu Agenor.

— Barnabé, consegue me dizer qual sua última lembrança da missão? – perguntou Anselmo.

— Lembro-me que o pai perdoou a jovem e todos foram embora. Assim que os perdi de vista, comecei a me sentir mal, olhei para Agenor, mas não conseguia vê-lo direito. Só me lembro até esse ponto. Depois disso, não me recordo de mais nada.

Agenor deu um sorriso muito bonito e me explicou o que acontecera.

— Não houve mais nada além disso, Barnabé! Assim que eles foram embora, você perdeu todos os seus sentidos.

— Perdi os sentidos?!

— Sim, Barnabé!... Lembra-se de que, em várias missões, alguns de nossos irmãos ficavam em meu lugar para continuar ajudando os que estavam na carne?

— Sim! Lembro-me! Em quase todas as missões você se afastava ou voltava para o Plano Espiritual depois de ficar algum tempo ajudando.

— Isso mesmo! Enquanto eles ficavam em Terra, eu voltava para me restabelecer, pois o nível de vibração dos encarnados é muito diferente do nosso, e muitas vezes eu não conseguia continuar. Somente depois de me restabelecer é que eu voltava para continuar ajudando.

Eu estava começando a compreender. Agenor continuou a explicar:

— Foi o que aconteceu em sua missão, Barnabé! Você se entregou, estava disposto a ajudar aquela família, sentiu o arrependimento da jovem e foi ao seu socorro. Conseguiu intuir a mãe a ter esperanças de convencer o pai a perdoar a filha e seguiu todas as orientações que eu ia passando. O mesmo aconteceu quando chegamos na casa dela... Lembra-se do que sentiu quando chegou próximo ao pai da jovem?

– Sim! Era uma energia muito ruim! Ele estava com muito ódio e pensava em se matar!

– Isso mesmo, Barnabé! E, graças à sua ajuda, ele não cometeu essa loucura. Você conseguiu intuí-lo ao perdão e o conduziu até encontrar a jovem entre as matas. Para que tudo isso fosse possível, você teve de baixar muito seu nível vibratório e por causa de sua vontade em querer ajudar, acabou se esquecendo de se restabelecer... Foi por isso que perdeu seus sentidos.

Depois que Agenor explicou, tudo ficou mais claro. Esse é um dos motivos pelo qual, na maioria das missões, os Guias de Luz nunca vão sozinhos. Enquanto um volta para se restabelecer, outro fica em seu lugar... Eu havia me esquecido disso.

– Desculpem-me. Acabei me esquecendo desse detalhe. Acho que estou muito velho para esse tipo de missão.

– Não precisa se desculpar, Barnabé! – disse Anselmo. – Você fez o que deveria ser feito, já esperávamos por isso. Muitos dos que vivem aqui passaram por essa situação. Agenor estava ciente do que poderia acontecer. Eu disse que ele poderia intervir caso fosse necessário, mas não foi preciso... Você conseguiu, Barnabé! Estamos orgulhosos! – e colocando suas mãos em meu ombro, Anselmo concluiu: – Engana-se ao achar que está velho, Barnabé. Seu espírito traz grande vitalidade.

Conversamos por mais um tempo. Anselmo e Agenor tiravam todas minhas dúvidas sobre o que acontecera em minha primeira missão. No fim da conversa, Irmã Cecília não estava mais no quarto, havia ido cuidar de seus afazeres.

Depois de algumas explicações, Anselmo achou melhor que eu ficasse em repouso por algum tempo até que tivesse a certeza de eu estar totalmente restabelecido; mas antes de sair, voltou para próximo de onde eu estava. Agenor ainda estava ao seu lado. Ele queria ter certeza de algo e resolveu me perguntar.

– Barnabé, se me permitir, gostaria de perguntar-lhe algo.

– Claro que permito, senhor Anselmo!

– Acha que aquela jovem cometeu um erro?

– Segundo a lei dos homens ela pode ter cometido, senhor.

– E por que continuou a ajudá-la, mesmo depois de saber o erro que cometera?

– Senhor Anselmo, fui enviado para ajudar aquela família e assim procurei fazer. Eu não tenho o direito de julgar os encarnados e nenhum outro Ser! O julgamento pertence somente ao Criador Maior!

Anselmo e Agenor sorriram. Acho que era isso o que eles queriam ouvir... Pude ver na face deles um ar de orgulho.

– Sábia decisão, Barnabé! Estou muito orgulhoso!

Agenor também disse que estava orgulhoso e Anselmo prosseguiu.

– Que Deus conserve essa humildade e que ela possa florescer cada dia mais dentro de você.

– Que assim seja, senhor.

– Vamos, Agenor! Barnabé precisa de repouso.

– Até mais, Barnabé – Agenor se despediu.

– Barnabé, Irmã Cecília estará próxima ao quarto. Caso precise, é só chamá-la – e saíram do quarto.

Assim que todos saíram deitei e fiquei a pensar em minha primeira missão. Estava muito feliz em saber que consegui unir a jovem e sua família. Mas não consegui pensar por muito tempo, sentia que estava um pouco fraco, então fechei meus olhos para descansar.

Não sei por quanto tempo fiquei em repouso, mas me fez muito bem, pois quando levantei, não sentia minha cabeça girar nem o peso em meu corpo. Eu estava revigorado.

Acompanhei Agenor e outros irmãos por muitos anos em missões na Terra, nem sempre era para desencarne, muitas vezes era para levar um pouco de paz de espírito e amor aos que necessitavam.

Durante esses anos pude observar Agenor e todos os outros Seres de Luz. A forma como agiam, como intuíam os que estavam na carne e o momento em que procuravam se restabelecer. Eu ficava muito atento a tudo, pois, através desses conhecimentos, pude ajudar em muitas missões.

Permaneci naquela parte do grande Plano Espiritual por muitos anos e pude ajudar muitos encarnados e também os que iriam desencarnar. Nessas missões, Agenor e os outros apenas observavam minha forma de agir, não interferiam em nada, pois eu estava muito bem disciplinado, graças aos estudos e a todos os que me ajudaram.

Com a vontade de nosso Pai Maior, consegui evoluir, sabia a hora certa de ajudar os encarnados e o momento exato de intuí-los ao que fosse necessário. Ao término das missões, não sentia mais o mal-estar que senti na primeira, pois sabia a hora certa de parar e deixar que outro prosseguisse para que pudesse me restabelecer.

Com a permissão do Criador pude ajudar dessa forma durante esses anos, até que fui informado de que não poderia mais permanecer ao lado de Anselmo, Agenor, Cecília e de todos aqueles grandes Seres de Luz, pois chegara o dia de prosseguir em minha evolução, e mesmo sem saber o que iria acontecer, sentia que era o caminho certo.

Eu estava ciente de que esse dia chegaria, Anselmo já havia conversado comigo sobre, mas não sabia exatamente quando seria.

Primeira chamada.
A despedida

Foram anos de estudo, aprendizados e agindo em missões, tanto em Terra como no Plano Espiritual, e graças ao Criador e a todos os Irmãos de Luz, eu estava bem encaminhado, pois tudo o que fiz desde o meu desencarne fora com amor e dedicação e nunca almejando algo em troca.

Eu não sabia que precisaria evoluir, mas o Criador sabia. Estava no meu destino. Tudo havia sido planejado por ele. Só não sei afirmar a quanto tempo.

No dia da despedida, eu estava conversando com os demais Irmãos de Luz e recebi um recado de Irmã Cecília. Ela viera informar que Anselmo me aguardava em sua sala e, após me despedir de todos, fui ao seu encontro.

– Olá, Barnabé! Sente-se, por favor – disse Anselmo.

Sabia que ele não havia me chamado para alguma missão, pois não vi nenhum livro em cima da mesa e ele não abrira o portal... Só podia ser o dia da despedida.

– Bem, Barnabé, como já é de seu conhecimento, infelizmente não poderá continuar entre nós. Digo infelizmente porque vamos sentir muito a sua falta. Durante todos esses anos, dedicou-se aos estudos e em missões. Em pouco tempo adquiriu um vasto conhecimento sobre a vida no Plano Espiritual e a dos encarnados, e nós também aprendemos muito, depois de sua chegada. Mas, mesmo que ainda não seja de seu conhecimento, você traz coisas muito valiosas em sua essência. Boa parte delas ainda está oculta, mas creio que em breve as descobrirá.

Não posso negar que fiquei muito triste com a notícia, não era por menos, iria deixar grandes amigos que, além de me acolherem, me ajudaram muito desde o meu desencarne.
Anselmo notou minha tristeza e procurou me confortar...
– Sim, Barnabé, você vai! Mas estaremos sempre à sua espera. Poderá vir nos visitar sempre que quiser e for permitido.
Saber que eu poderia voltar a ver grandes amigos me deixou muito feliz e, além do mais, não tinha do que reclamar, apenas agradecer, afinal, em todas as minhas preces que fiz na carne, sempre pedia ao nosso Criador que fosse feita a vontade d'Ele, até mesmo após meu desencarne, e era isso que estava sendo feito.
– Suas palavras me confortam, senhor Anselmo! Muito obrigado. Não tenha dúvidas de que virei visitá-los, sempre que for permitido.
– Ficaremos muito felizes em recebê-lo.
Anselmo me orientou a colocar novas vestes, Irmã Cecília já as havia deixado separadas em meu quarto.
Após trocar minhas vestes, ajoelhei-me e fiz uma prece ao Criador. Agradeci por ter me direcionado para aquele lindo lar de luz e pelos grandes amigos que conheci. Também fiz uma prece muito importante e essa foi para Joaquim. Eu não sabia quem ele era, mas sentia um laço muito forte de amizade e pude sentir que me ajudou em muitas missões através das lembranças que tive.
Depois de fazer minha prece me dirigi até a sala do senhor Anselmo... Era o momento de seguir novos caminhos no imenso Plano Espiritual.
– Está pronto, Barnabé? – perguntou Anselmo.
Triste por ter de deixá-los, mas feliz por estar sendo feita a vontade do Pai Maior, respondi:
– Sim... Estou pronto.
– Não fique triste. Creio que terá uma linda missão – disse Anselmo, e prosseguiu: – Vamos! Novos irmãos estão à sua espera.
Caminhamos em direção ao lado de fora, muitos estavam ali, o primeiro a me abraçar foi Agenor.
– Meus parabéns, Barnabé! Sua fé e humildade estão levando-o para outra parte desse imenso Plano Espiritual! Procure sempre tê-las com você, pois creio que terá uma linda estrada para seguir e tenho certeza de que será recebido de braços abertos por todos os nossos irmãos.

– Muito obrigado, Agenor! Só tenho a agradecer. Você me ajudou muito, assim como tantos outros que vivem aqui. Que nosso Pai Maior continue a aumentar sua luz, meu amigo, e a de todos os nossos irmãos que aqui vivem.

– Assim seja, Barnabé! ... Desejo o mesmo a você.

Cecília também estava próxima. Fiz questão de agradecê-la.

– Irmã Cecília... Não tenho palavras para agradecer tudo o que fez por mim desde que cheguei.

– Só fiz o que deveria ser feito, Barnabé. Essa é minha forma de ajudar os que aqui chegam.

– Sim, mas fizera com amor e não há agradecimento para esse gesto. Que nosso Criador mantenha esse amor dentro de você e que ele floresça a cada dia, aumentando sua linda luz.

Ao mesmo tempo em que sorria Cecília chorava, mas era um choro de agradecimento e de felicidade.

– Serei sempre grata por suas palavras, Barnabé. Muito obrigada.

Queria me despedir de cada um deles, mas não teria como, eram muitos que estavam ali.

– Barnabé, isso não é um adeus, você poderá voltar – disse Anselmo sorrindo. – Vamos! Nossos irmãos estão à sua espera.

Não consegui despedir-me de todos, mas tive uma ideia. Olhei lentamente para eles, procurei gravar o maior número possível em meu mental. Em seguida fechei meus olhos e direcionei minhas mãos para a frente. Lentamente ia virando, procurando acompanhar as imagens que estavam em meu mental. Eu me concentrei e procurei me sentir agradecido e, desta forma, consegui agradecer a muitos, transmitindo o mesmo sentimento a eles.

Anselmo me conduziu até a saída onde eu faria a passagem para outra parte do Plano Espiritual. Quando chegamos, vi dois Seres de Luz, eles já estavam à minha espera...

– Olá, Barnabé! É um prazer conhecê-lo. Está pronto para seguir? – era um dos novos irmãos quem falava.

– Sim, estou – e, com lágrimas nos olhos, dei um forte abraço em Anselmo e em Agenor. – Até mais, senhores... Obrigado por tudo.

Novo lar, novos conhecimentos

Seguimos por um túnel; quando chegamos ao final, um deles ergueu as duas mãos e um imenso portal se abriu, e, dentro deste, surgiu uma longa estrada de luz. Antes de seguirmos, o que abrira o portal pediu-me que eu tomasse um líquido, e sem nenhum questionamento fiz como ele me pediu. Depois de beber o líquido atravessamos o portal, este se fechou assim que o último de nós passou por ele. Ficamos parados por um tempo, eu não sabia o motivo, mas eles sim.

Comecei a sentir um peso imenso em meus olhos, parecia que iria cair, não estava conseguindo guiar meu próprio corpo.

– Está se sentindo bem, Barnabé? – um deles perguntou.

– Acho que não. Sinto muito peso em meus olhos, não estou conseguindo me manter em pé.

– Logo nos veremos, Barnabé! Tenha um bom descanso.

Se ele disse algo a mais, eu não me lembro, pois adormeci profundamente.

Quando despertei, notei que ainda estávamos na estrada de luz, os dois Seres ainda estavam ao meu lado. Um deles me levantou.

– Barnabé, você está bem?

– Sinto um pouco de enjoo, mas estou bem.

– Logo irá passar.

– O que aconteceu? – perguntei para o que me deu o líquido.

– Tivemos de induzi-lo ao sono para que pudéssemos prosseguir! Esse enjoo que sente, estaria bem pior se estivesse acordado.

A viagem que fizemos não foi em uma caminhada, fora como na velocidade da luz, e como eu não estava acostumado, eles acharam melhor que eu estivesse inconsciente para não sentir os efeitos, mas com o passar do tempo fui me acostumando.

Outro portal se abriu, assim que o atravessamos ele fechou. Em minha frente havia um imenso campo todo florido, era uma imagem muito linda. Eu sabia que o Plano Espiritual era grande, mas não da forma como vi naquele dia.

– Seja bem-vindo, Barnabé! Este é o lar onde moramos e, a partir de hoje, você fará parte dele – disse um deles.

– Muito obrigado, irmão... Posso saber vosso nome?

– Silas! É assim que sou conhecido no Plano Espiritual. Ele se chama Abel.

– É um grande prazer conhecê-los, senhores!

– O prazer é nosso, Barnabé! Seja bem-vindo ao nosso Lar de Luz – disse Abel.

– Vamos, Barnabé! Precisamos apresentá-lo ao Senhor Tomé. – era Silas quem falava.

Caminhamos por aquele imenso campo florido, muitos irmãos estavam ali, eu os cumprimentava acenando levemente com a cabeça e eles retribuíam.

Quando terminamos de atravessar o campo, entramos em um corredor e seguimos por ele. Enquanto caminhava, olhava os quartos em volta e, nestes, haviam outros Seres de Luz.

Paramos em frente a uma sala, notei que havia alguém dentro dela. Ele nos convidou a entrar.

Entramos e paramos em frente à sua mesa. Silas me apresentou a ele...

– Senhor Tomé, este é o senhor Barnabé. Ele acaba de chegar.

– Sente-se, Barnabé, não fique acanhado. Está entre irmãos.

– Com licença, senhor Tomé.

Sentei-me à frente dele, Silas e Abel se despediram de Tomé e eu os agradeci.

Assim que eles saíram da sala, Tomé conversou comigo.

– Como está, Barnabé?

– Estou bem! Muito obrigado por me aceitarem em vosso lar, senhor Tomé.

– Não agradeça a mim, Barnabé, agradeça a Deus! Pois se está aqui, foi porque Ele permitiu e você mereceu tal direcionamento.

– Agradeço a Ele todos os dias por ter me encaminhado para a luz.

– Não tenho dúvidas disso, Barnabé! Já conheço um pouco da sua história de quando esteve na carne e também já tenho ciência de suas ações e de como viverá depois de seu desencarne.

– O senhor via tudo?!

– Não! Tenho conhecimento disso porque Anselmo veio falar comigo. Assim que ficou sabendo que você viria para cá, ele veio para me passar algumas informações. Ele disse como você aceitou seu desencarne, a vida que teve ao lado dos demais irmãos e as missões que fizera em Terra. Anselmo me passou tudo! Por isso eu disse não ter dúvidas sobre seus agradecimentos a Deus. Assim como muitos, você sempre estava em prece, até em missões orava para saber qual decisão tomar, sendo que em nenhuma delas tomou sua própria decisão, mas fazia o que sentia ser intuído a fazer. Meus parabéns, Barnabé! Estou muito feliz em tê-lo entre nós!

– Eu agradeço por suas palavras, Senhor Tomé! Procurei fazer tudo dentro da Lei Maior, sem fazer nenhum tipo de julgamento, pois este só pertence ao nosso Criador.

– Sei disso Barnabé, por isso você está aqui. Desde que esteve na vida terrena, procurava fazer tudo dentro da lei. Creio que seja esse o motivo de o terem direcionando para esta parte do Plano Espiritual. Muitos dos que estão encarnados irão precisar de seus conhecimentos, a forma como intui e as decisões que toma dentro da lei. Mas você só irá ajudar se essa for a sua vontade, pois, assim como na carne, aqui você também terá o direto de escolha... A menos que Deus tenha lhe reservado outros caminhos e você tenha de seguir por esses.

– Senhor Tomé, quero ser útil e poder ajudar no que for preciso. Se fui direcionado para outro nível deste imenso plano de luz, creio que seja a vontade do nosso Pai Maior e vou continuar a ajudar até que ele não mais me permita ou tenha outras missões para que eu possa fazer em carne ou em espírito.

– Sábias palavras, Barnabé, mas, se me permitir, gostaria de fazer algumas perguntas.

– Claro, senhor Tomé! Pode fazer quantas forem necessárias. Terei imenso prazer em respondê-las.

– Obrigado. Mas somente responda se estiver à vontade... Tudo bem?

– Tem minha palavra.

"Assim como Anselmo, Tomé não sabia muito do meu passado. Ele tinha conhecimento somente da vila onde morei e o que eu e os

outros negros fazíamos, tanto nos ensinamentos, como nos cultos aos Orixás, pois tudo fora passado por Anselmo. Acredito que esse era o motivo das perguntas, pois no início do meu desencarne, eu não me lembrava de toda minha vida, nem mesmo que participava dos cultos aos Orixás. Somente depois que tudo fora revelado que consegui entender."

– Por acaso lembra-se de toda sua vida terrena? – perguntou Tomé.

– Lembro-me de poucas coisas. O que tenho em minhas lembranças é a vila onde morei com minha família e com grandes amigos. Além dessas, também carrego uma lembrança muito bonita para mim.

– E qual seria esta, Barnabé?

– A de um senhor com a idade bem avançada. Às vezes sinto que ele me ajuda em muitas missões. Sinto uma ligação muito forte com ele, mas até agora não consegui descobrir quem é esse Ser tão bondoso. Mas não tenho pressa quanto a isso, senhor Tomé! Creio que no momento certo irei entender tudo o que houve em minha vida na carne, se assim for permitido.

– Suas palavras demonstram muita fé e sabedoria, Barnabé! Sinto que podemos contar com sua ajuda enquanto estiver aqui.

– Serei muito grato em poder ajudar.

Conversamos por um longo tempo. Tomé explicou que muitos dos irmãos que viviam ali tinham suas funções, porém alguns deles tinham outras, como no caso de Silas. Além de auxiliar no desencarne e em outras missões para ajudar aos que estavam em Terra, Silas era um dos que iam em busca dos que seriam direcionados para outras partes do Plano Espiritual. Além disso, ele ensinava muitos irmãos sobre a Vida Espiritual, como ajudar no desencarne e em outras missões.

Saímos da sala do Senhor Tomé, ele me levou para um quarto e disse que ali seria meu espaço de repouso.

Depois disso, Tomé me levou para outro espaço, era menor, porém muito iluminado e havia apenas uma cama.

– Barnabé. Chamamos esse pequeno espaço de quarto da prece. Sempre que precisar de um tempo para si, pode vir aqui. Além desse quarto, existem outros em que você poderá ficar sozinho para relaxar seu mental ou fazer suas preces. Isso costuma ajudar a entender muitas coisas ocultas dentro de nós.

– Já ouvi isso antes, senhor Tomé. Irmã Cecília orientou-me logo que cheguei no Plano Espiritual.

– E você fez?
– Poucas vezes. Não queria interferir na Lei Maior. Acho que no momento certo saberei de tudo.
– Barnabé, posso lhe dar uma opinião?
– Claro!
– Anselmo disse-me como você agia desde que chegou no plano... Sabe, Barnabé, acho que precisa reservar um tempo para si. Sei que nos faz bem se preocupar com outros e ajudar a quem precisa, mas, às vezes, nós mesmos precisamos ser ajudados e amparados por outros Seres de Luz e, muitas vezes, nós mesmos conseguimos essa autoajuda, reservando um tempo para tal. Talvez o que você ache que não foi permitido, deva apenas estar oculto dentro de si... Basta saber buscar.

"Eu não compreendi a fundo as palavras dele, mas resolvi guardá-las e, anos depois, pude entender o que Tomé e tantos outros tentavam me dizer."

Era imenso aquele Lar de Luz a que fui direcionado. Ali fiz novas amizades e ficava a conversar e ajudar alguns irmãos em suas tarefas, mas ficava a maior parte do tempo ao lado de Silas.

Silas era bem requisitado, às vezes não conseguia atender todas as tarefas e muitos dos irmãos que o auxiliavam, muitas vezes, estavam em missões e, como elas iam aumentando, eles precisavam de mais irmãos para ajudar. Tomé sabia disso e foi a partir desse momento que também comecei a ajudar.

Passei anos ajudando com estudos e em missões. Os novos irmãos que chegavam quase sempre eram direcionados para que eu pudesse de alguma forma ajudá-los.

Nas missões em Terra, eu quase não participava, agia mais como Agenor e como os outros irmãos do meu primeiro Lar Espiritual agiam comigo. Eu apenas os orientava como deveriam agir e a hora certa de intuir os encarnados a fazerem determinadas coisas.

Sim, graças ao nosso Criador, adquiri um vasto conhecimento e consegui ajudar muitos dos que estavam encarnados.

Quanto aos que não quiseram o auxílio, nada pude fazer, eles tinham o direito de escolha, e isso Joaquim me ensinou e também aprendi depois que cheguei ao Plano Espiritual, mas além de aprender, eu vivenciei, pois fui direcionado para uma missão, em que um Ser em carne não aceitou ser ajudado.

Um homem em desequilíbrio

Depois de alguns anos trabalhando e ajudando outros irmãos naquela parte do Plano Espiritual, chegou ao meu conhecimento que precisaria ajudar em outra missão e ela seria um pouco diferente de todas em que já havia atuado.

Eu estava sozinho em um dos quartos, quando recebi o recado de que Tomé me aguardava em sua sala. Sem demora fui ao seu encontro.

– Olá, senhor Tomé! Recebi seu recado.

– Olá, Barnabé! Entre, por favor.

Assim que entrei na sala, notei a presença de outro irmão de luz, eu o cumprimentei, sentei ao seu lado e comecei a dialogar com o senhor Tomé.

– Em que lhe posso ser útil, senhor Tomé?

– Barnabé, gostaria que visse algo.

Tomé abriu um portal. Nele, pude ver uma igreja e, dentro dela, havia dois homens. Um era o padre que dirigia as missas naquela igreja e o outro parecia ser um fiel. Mas ele estava completamente descontrolado e o padre tentava acalmá-lo.

Eu não sabia se iria para aquela missão naquele mesmo dia, mas resolvi tirar todas as minhas dúvidas.

– O que aconteceu com esse homem, senhor Tomé.

– Bem, Barnabé, o nome dele é Nestor. Ele era um fiel dessa igreja, mas está sob total desequilíbrio desde que seu pai sumiu. Ele desconfia que o padre saiba o motivo para o sumiço de seu pai, por isso está tão enfurecido. Até aonde pude entender, parece que o padre guarda confissões de um fiel de outra igreja e, se eu estiver certo quanto a isso, creio que ele esteja fazendo a coisa certa; caso contrário, não seria digno de ser um padre.

Enquanto Tomé explicava, notei um estranho movimento do lado de fora da igreja. Eu já sabia quem eram, mas não compreendia o motivo de estarem ali.

– Senhor Tomé... Por que aqueles espíritos obsessores estão do lado de fora da igreja?

– Vamos esperar, Barnabé... Verá com seus próprios olhos.

Assim que Nestor terminou de discutir com o padre, ele caminhou até a saída da igreja. Ainda estava enfurecido e, ao colocar os pés para fora, os obsessores o rodearam e começaram a manipular sua mente. Pareciam querer que Nestor fizesse algo de errado.

– Percebeu agora o que aqueles obsessores faziam do lado de fora da igreja, Barnabé?

– Sim! Estavam à espera de Nestor.

– Exatamente! Já faz algum tempo que eles o seguem; sempre que Nestor entra na igreja, eles ficam do lado de fora, mas ao sair, eles começam a manipular sua mente e o seguem, onde quer que vá.

Ao mesmo tempo em que prestava atenção nas explicações, eu estava atento em Nestor e, ao final, Tomé disse:

– Barnabé, em breve teremos de ajudar Nestor.

– Senhor Tomé, se for preciso, posso ir agora mesmo.

– Bem sei da sua boa vontade, Barnabé, mas neste caso, as coisas não são tão fáceis. Outros de nossos irmãos já tentaram ajudar Nestor, mas por causa do desequilíbrio, ele não deu atenção a nenhum deles e, no estado em que se encontra agora, certamente não o ouvirá. Vamos esperar pelo momento certo, acredito que seja melhor para que tenha sucesso em sua missão.

– Estou de acordo, senhor Tomé.

Passaram-se aproximadamente um ano desde que Tomé nos mostrou aquele homem em desequilíbrio e, em um determinado dia, ele disse que era hora de ajudá-lo.

O dia em que fui ao encontro de Nestor, parecia ser bem propício, pois ele ainda buscava uma resposta do ocorrido com seu pai, mas mesmo estando em desequilíbrio, ao fim do dia, Nestor fez muitas orações pedindo ajuda para que não cometesse uma loucura, e estas chegaram até os Seres de Luz.

Direcionei-me para a casa de Nestor, ao meu lado estava o mesmo irmão que ouviu as explicações de Tomé, ele só iria acompanhar e eu tive o imenso prazer em ensiná-lo.

Assim que chegamos avistamos uma mulher, era a companheira de Nestor. Ela estava em um dos cômodos, em seus braços havia uma pequena criança.

Nos dirigimos para um dos quartos, ali avistamos Nestor. Ele estava de joelhos ao lado de uma cama, fazia orações pedindo ajuda.

Pouco tempo depois, Nestor deitou-se, mas demorou a dormir e, pelo que pude perceber, parecia estar recebendo algumas lembranças, pois estava com feição de felicidade.

Assim que adormeceu, Nestor começou a chorar, ele sonhava com seu pai, então aproveitei-me daquele momento para passar a mensagem.

Ao lado dele direcionei minhas mãos para seu coração e comecei a lhe transmitir sentimentos de amor e de união, pois eu precisava fazer com que ele pensasse mais em sua família, evitando assim que cometesse uma loucura.

Algumas horas depois, comecei a direcionar meus pensamentos para os de Nestor e, enquanto o fazia, tentei conversar com ele.

– Nestor... Acorde! – chamei tentando despertá-lo do sono.

Quando percebi que ele estava despertando, novamente levei minhas mãos até seu coração, continuei a transmitir amor e união. Em seguida perguntei... – Está me ouvindo, Nestor?

– Pai? É o senhor? – perguntou ainda meio sonolento.

– Nestor, seu pai está bem! Procure ajuda, filho!

E Nestor novamente caiu em sono profundo.

– O que faremos agora, senhor Barnabé? – perguntou o Irmão de Luz que estava ao meu lado.

– Precisamos permanecer aqui até o amanhecer. Temos de ter certeza de que Nestor entendeu a mensagem.

Ao amanhecer, Nestor acordou desesperado. Sua companheira estava ao seu lado, ela também acordou assustada com os gritos de Nestor.

– O que houve, Nestor?! – perguntou sua companheira.

– Meu pai está vivo! – disse de forma desesperada. – Ele precisa de ajuda!

– Tornou a ficar louco, Nestor?! Do que está falando?

"Eu não sabia o que havia acontecido com o pai de Nestor e muito menos se o Senhor Tomé tinha esse conhecimento, pois quando

me encaminhou para aquela missão, Tomé apenas me disse para fazer com que Nestor soubesse que seu pai estava bem e assim o fiz. Mas muitos anos depois, descobri tudo o que acontecera, e foi a narrativa do próprio Nestor que fez com que eu soubesse, e depois de me contar toda sua vida na carne, conseguiu fazer com que ele enxergasse toda a verdade."

Nestor e sua companheira ficaram conversando por algum tempo. Ele chegou a contar todo o sonho que teve com seu pai, mas ela não estava entendendo nada e, da forma como agia, parecia já estar saturada daquela situação.

A reação que Nestor teve ao acordar só me levou a crer que ele não entendera a mensagem, e de nossa parte não havia mais o que ser feito naquele momento, pois ele estava decidido a seguir pelos caminhos que escolhera.

Depois disso voltamos para o Plano Espiritual, passei os detalhes ao senhor Tomé e ele me agradeceu e disse para que ficasse atento, pois talvez Nestor tivesse uma nova oportunidade para ver toda a verdade sobre o que acontecera com seu pai... E realmente teve, mas quando isso aconteceu, eu já havia evoluído para a parte do Plano Espiritual onde vivo até hoje.

Foram diversas missões e muitos estudos ao lado de Tomé e dos outros daquela parte do Plano Espiritual. Durante os anos em que ali fiquei, pude adquirir novos conhecimentos e tinha grande prazer em ajudar novos irmãos, e como em muitas vezes eu estava em missões ou em busca de novos conhecimentos, ainda não havia reservado um tempo para minha autoajuda.

Desde meu desencarne, não havia parado para pensar um pouco no meu passado, afinal, eu estava esperando que o Criador permitisse que me fosse revelado, mas isso já havia sido feito, só era preciso que eu soubesse buscar, pois, como disse o senhor Tomé, meu passado poderia apenas estar oculto dentro de mim, e eu sentia que precisava ir em busca dele. O máximo que poderia acontecer é que não me fosse revelado, mas eu precisava tentar, seria a única forma de saber.

A VIDA EM CARNE REVELADA

Nesse dia não havia missões para mim. Eu estava a conversar com outros irmãos, mas sentia que precisava ficar um pouco sozinho. Há algum tempo que esse sentimento me rodeava, mas ainda não havia separado essa pausa.

Foi nesse dia que resolvi seguir meus pensamentos, me despedi de todos e fui caminhando em direção ao meu quarto e, por um instante, senti que precisava ir para o quarto da prece, pois me sentia bem sempre que fazia minhas orações ali.

Dirigi-me até o quarto da prece, de joelhos elevei meus pensamentos ao Criador Maior. Primeiro agradeci por ter me direcionado para o Plano Espiritual, depois agradeci por todo conhecimento e ajuda que tive após meu desencarne e também por ser orientado em todas as missões.

"Desde meu direcionamento ao Plano Espiritual, nunca havia feito uma prece como fiz naquele dia. Nas outras, eu apenas agradecia e pedia que pudesse continuar ajudando a outros, mas nunca fiz pedindo para entender minha vida na carne."

Fiz uma longa prece e, algum tempo depois, comecei a sentir pesos em minhas costas. Não era algo ruim, mas já não conseguia continuar de joelhos, então resolvi me deitar para continuar.

Deitado, elevei novamente meus pensamentos ao Pai Maior e continuei minha prece.

– Pai, mais uma vez agradeço por minha vida na carne e por estar neste imenso Lar Espiritual. Não sei se sou digno de fazer algum pedido a vós, mas sinto que algo em meu passado me direcionou para este imenso lar e acredito que aquele sábio senhor que muitas vezes aparece em minhas lembranças deva ter alguma ligação com tudo o que aconteceu em minha vida na carne. Pai, neste momento peço a Vós, caso eu seja digno, que esta prece chegue à sua imensa e pura presença, mas se ainda não for o momento ou eu não mereça tal revelação, que esta venha no momento e na hora que eu seja digno de recebê-la.

Enquanto eu fazia a prece, só conseguia me lembrar de Joaquim e dos amigos da vila. Fiquei a refletir somente nessas lembranças, pois eu ainda não sabia quem era Joaquim nem me lembrava do que ele fizera por mim.

Ainda com as lembranças da vila em meu mental, meus olhos começaram a pesar. Tentava, mas nem fazendo outra prece, conseguia mantê-los abertos.

Pouco tempo depois comecei a sentir algo estranho, era como se meu corpo saísse do lugar. Não sabia o que ocorria e não fazia ideia se estava acordado ou dormindo, mas tudo fora revelado naquele dia, era como se eu estivesse vivendo aqueles momentos.

"Naquele dia, não fora revelada toda minha vida na carne. Apenas com o passar dos tempos consegui ver e entender tudo o que acontecera comigo, mas o pouco que vi foi o suficiente para não mais ter dúvidas quanto à escolha que fiz."

Em meu mental começou a formar-se uma imagem, era uma fila com muitos negros. Eles estavam próximos a um imenso mar, eram homens, mulheres e crianças. Todos estavam acorrentados, alguns homens os conduziam, pude ver alguns dos que estavam acorrentados serem agredidos.

No começo, só conseguia ver como lembranças, mas aos poucos, as imagens foram ficando reais, até chegar a um ponto em que me vi no mesmo lugar, parecia estar vivendo a cena, mas não conseguia agir, sentia-me preso... Só me restava observar tudo o que acontecia.

Dentre tantos presentes na imensa fila, minha atenção estava em duas pessoas, um homem e uma mulher, pois parecia já os conhecer de algum lugar, e durante a revelação, descobri que eles eram companheiros e tiveram uma ligação muito forte em minha última vida na carne.

Nos braços da mulher havia uma criança, era filho dela. O pequeno Ser chorava muito, sua mãe tentava acalmá-lo. O companheiro era o pai, ele estava sério, não chorava, mas ela caía em prantos e acolhia a criança, com medo que alguém a tomasse de seus braços. Depois de algum tempo, todos foram colocados em um imenso navio, mais precisamente dentro de um porão.

O tempo passou, todos os que estavam naquela imensa fila não faziam mais parte daquela revelação, a não ser o casal com a criança. Eles apareceram em outro lugar e este parecia ser uma fazenda.

O pai trabalhava muito em meio a outros negros, a criança que já era crescida, o acompanhava em seus trabalhos enquanto sua mãe tomava conta de uma imensa casa. Algumas vezes a pequena criança ficava junto dela ou aparecia brincando com outras crianças.

"Somente no final da revelação que fui descobrir quem era aquela criança e estava claro o porquê disso. Se fosse revelado desde o início, eu poderia de alguma forma me desligar da visão, pois não esperava pelo desfecho."

O tempo passou, o casal de negros sumiu, a criança aparentava ter seus dez anos. Ela estava em uma carroça, fora levada para um engenho e entregue a um senhor que, em troca dela, deu um saco para o homem que guiava a carroça. A criança parecia ter sido negociada.

O pequeno Ser foi levado para dentro de um canavial e entregue a um negro adulto que ali trabalhava, ele me lembrava o senhor que aparecia em minhas lembranças, porém mais jovem. Ele parecia ensinar a criança como deveria trabalhar.

O tempo passava muito rápido, a criança já era um jovem crescido, estava tentando fugir, mas fora capturado e, depois de ser castigado, foi jogado e acorrentado em um galpão.

Mais um longo tempo se passou, o jovem já era um adulto, o senhor que o acolheu no canavial ensinava magias e curas com algumas ervas para ele.

O tempo seguiu anos à frente; de adulto, aquele Ser já era um senhor com uma idade bem avançada, entre cinquenta e sessenta anos. Ele não estava mais no engenho, estava em uma vila deitado sob uma esteira de palha, ao seu lado havia outros negros. Eles estavam cantando e tocando em uns tambores forrados com couros. Eu não conseguia entender o que cantavam, mas parecia ser uma louvação, e o senhor que o havia acolhido no canavial estava presente, era Joaquim.

Mesmo com a idade bem avançada, Joaquim sempre estava ao lado do negro que conheceu ainda criança. Ele cantava, e com as mãos erguidas, andava em volta do senhor que estava deitado na esteira, parecia estar iniciando-o, e durante aquele ritual, um Ser todo iluminado surgiu e ficou ao lado deles. De todos ali presente, apenas Joaquim parecia ver o Ser iluminado, nem mesmo o que estava deitado podia ver, pois teve seus olhos cobertos com palhas.

Naquele momento, uma luz muito forte saiu do Ser que estava próximo deles e foi em direção ao senhor que estava deitado na esteira. Pude ver a luz dividindo-se em sete fachos. Em seguida, o senhor que estava na esteira estendeu suas mãos, um dos fachos de luz parou acima delas, ele pegou e a levou em direção ao seu peito. Os outros fachos juntaram-se formando três brilhantes cruzes e o Ser Iluminado levou os três símbolos em direção ao senhor que estava deitado, fazendo com que elas tomassem conta de todo seu corpo.

O tempo avançou, o senhor que estava deitado na esteira apareceu cantando e louvando aos Orixás. Tempos depois apareceu embaixo de uma árvore, era o mesmo lugar onde vi morrer o senhor que sempre aparecia em minhas lembranças. Ali havia um pequeno jardim florido e, olhando para este, ele chorava, parecia sentir falta de alguém.

Passaram-se mais alguns anos, aquele senhor parecia estar bem fraco, aparentava ter seus oitenta anos, muitas vezes aparecia iniciando a outros, assim como Joaquim fizera com ele.

"Até aquele momento, eu ainda não sabia quem era a criança que passou por tudo o que vi e de repente estava com a idade bem avançada e, junto a outros, cantava e louvava aos Orixás. Não fazia ideia de qual era a ligação que eu tinha com ele, mas tudo estava perto de ser revelado."

No final daquela revelação fiquei pasmo, pois vi aquele senhor em uma casa, era a mesma em que eu morava com minha família e foi naquele mesmo momento que percebi... Aquele senhor era eu mesmo.

Todos da minha família estavam dormindo, eu fazia uma longa prece, dois Seres de Luz estavam ao meu lado, pareciam me intuir. Eles acompanhavam meus passos e, enquanto eu orava, iam irradiando luz em minha direção.

Pude ver eu mesmo com um rosário em mãos fazendo preces próximo dos que eram da minha família e, ao fim de cada prece, fiz o sinal da cruz em direção a cada um deles e, depois de mais uma vez agradecer ao Criador, deitei-me para repousar.

Depois disso não consegui ver mais nada, pois ali terminava uma vida e iniciava-se um novo ciclo. Tudo estava oculto dentro de mim... Tudo fora esclarecido.

Feliz por ter feito a escolha certa

Depois de tudo ser revelado, eu ainda estava no quarto da prece. Não fazia ideia de quanto tempo havia permanecido ali.

Eu já estava despertando e, naquele mesmo momento, ouvi alguém me chamar...

– Barnabé, está me ouvindo?

Abri meus olhos, era o senhor Tomé quem me chamava.

– Sim, senhor Tomé, estou.

– Você está bem?!

– Não – respondi cabisbaixo. – Mas logo ficarei.

Não foi meu passado que fez com que não me sentisse bem, mas sim algumas coisas que vi durante a revelação. Algumas cenas que vivi foram muito fortes, pude ver choros e sofrimentos, não havia como me sentir bem... Não naquele momento.

Preocupado, Tomé continuou a conversar comigo...

– Estava preocupado com você, Barnabé! Silas estava à sua procura! Informaram a ele que você havia entrado aqui no quarto, mas estava demorando a sair.

– Sim, senhor Tomé. Só vim fazer uma prece, mas acabei adormecendo por algum tempo.

– Algum tempo? – perguntou sorrindo e prosseguiu. – Barnabé... Você está aqui há dois dias! Vim para ver como você estava e notei que chorava, então achei melhor deixá-lo sozinho. Às vezes eu voltava para ver se já havia despertado, mas continuava adormecido, ora chorando, ora sorrindo. Você mencionou muitos nomes, mas Joaquim era um dos nomes que você mais mencionava. Voltei por muitas vezes, até perceber que você estava despertando e resolvi esperar.

Fiquei em silêncio por um tempo, em seguida, respirei fundo e prossegui com a conversa.

– O senhor estava certo! ... Minha vida na carne estava oculta dentro de mim! Tudo está esclarecido agora.

– Quer comentar sobre?

– Não quero incomodá-lo com isso, senhor Tomé, e além do mais, precisaria de muito tempo para contar tudo o que vi.

– Barnabé, estou aqui para lhe ouvir. Só resta saber se quer ou não contar tudo o que viu.

Antes que eu começasse a narrar a revelação que tive, Tomé, chamou Silas e disse que se ausentaria por algum tempo, pois teria uma longa conversa comigo.

Tomé sentou à minha frente, narrei toda a visão que tive. A fila com muitos negros, eu ainda pequeno nos braços de minha mãe, a vida como escravo, a iniciação ao Orixá da cura e das passagens e a perda do grande amigo Joaquim. Enquanto eu narrava, percebia que Tomé se emocionava, eu também chorava muito.

Passamos quase o dia todo conversando...

– E foi isso, senhor Tomé. Depois que fiz as preces próximo da minha família, fui descansar. Dois Seres de Luz estavam lá naquela noite, e, quando acordei, já estava no Plano Espiritual.

Tomé ficou um tempo a pensar e, em seguida, perguntou-me...

– Percebe agora de onde vem sua vontade em ajudar a outros?

– Sim.

– Está na sua essência, Barnabé! Da mesma forma que agia em carne, age em espírito. Sua preocupação com os encarnados, a forma de intuí-los e os ensinamentos que passa aos nossos irmãos, é a mesma desde que serviu como escravo, e creio que essa vontade e amor que tens em ajudar só tende a aumentar.

Conversamos por um longo tempo, Tomé deu suas opiniões e eu as aceitei.

Eu pensava muito em Joaquim, se pudesse fazer um único pedido, esse seria rever meu grande amigo que me ajudou em toda a minha vida na carne e me direcionou para os caminhos dos Orixás. Sim, esse era um desejo que carreguei por muitos anos; se iria ser realizado, só era do conhecimento do grande Criador.

Depois da revelação, eu parecia ser outro. A impressão que tive foi a de como se de repente houvesse adquirido novos conhecimentos, mas não era isso... Tudo estava oculto e me foi entregue no momento certo.

Todos os dias agradecia ao Criador Maior por tudo o que aconteceu em minha última vida na carne e o que estava acontecendo em espírito. Também agradecia por ter conhecido meu grande amigo e irmão Joaquim e sempre orava pedindo que ele estivesse bem, pois fora por seu intermédio que tudo aprendi.

Com o passar dos tempos, novas chamadas para que eu pudesse evoluir iam chegando e, graças a elas, fui direcionado para outras partes do imenso Plano Espiritual, até chegar onde hoje me encontro. Lá, também já havia missões e, em algumas delas, eu já havia participado quando estive na carne e já estava ciente de que precisaria voltar a ajudar... Eu iria voltar a auxiliar nos cultos aos Orixás.

De volta ao culto aos Orixás

Eu já estava em meu último lar no Plano Espiritual, as missões não findaram, algumas eram para auxiliar os encarnados a cultuar os Orixás e ensinar os segredos das ervas sagradas.

Essas missões já existiam antes mesmo de minha última chamada e estava claro o motivo dela... Gerar seres de grande sabedoria para que fosse possível iniciar uma nova crença religiosa.

Essa era minha missão antes da sagrada religião; passava grande parte do tempo em Terra, na maioria das vezes ficava próximo do lugar onde nasci, não para ajudar em desencarne ou problemas entre famílias, mas sim para auxiliar alguns no culto aos Orixás e intuí-los a iniciar os mais novos.

Lembrava-me com riqueza de muitas coisas que aprendi na carne. Quando surgia alguma dúvida, procurava buscar em preces ou em meu passado, pois grande parte dos meus conhecimentos estava lá. Muitos irmãos faziam dessa mesma forma e assim conseguíamos manter acesa a grande chama do culto aos Orixás, pois a Umbanda já estava prestes a ser revelada aos seres da Terra, e esta teria uma doutrina diferente de outras religiões já criadas.

Passei por muitos lares do imenso Plano de Luz, não haveria mais para onde ir, era assim que eu pensava, pois onde eu estava havia muitos Seres, porém não tão jovens como vira em outras partes. A grande maioria era de espíritos com idade bem avançada, assim como a minha, mas todos tinham grande sabedoria, e eu ficava admirado a cada história de vida que ouvia.

Todos os dias novos irmãos chegavam, muitos tiveram histórias parecidas com a minha, também foram escravos e, em sua imensa fé, foram acolhidos no sagrado Plano de Luz, e alguns dos que não foram escravos só tiveram de entender e aceitar suas escolhas. Isso mesmo, nem todos que estavam ali foram escravos, mas tinham sabedoria e, em sua essência, carregavam o amor, a paz de espírito e o principal: a fé, e, por esses e outros motivos, foram direcionados para trabalharem fazendo a caridade.

Joaquim me ensinou isso na carne. Ele sempre dizia que a fé é a base de tudo em nossas vidas e eu nunca perdi a fé em nosso Criador Maior, nem a de poder rever novamente meu grande amigo, pois sabia que um dia iria reencontrá-lo, mas não fazia ideia do dia e hora que fosse acontecer, apenas sentia que estava próximo.

"Não posso negar que em algumas preces dizia que ficaria muito feliz em reencontrar Joaquim, mas no fim, sempre pedia para que fosse feita a vontade do Criador."

Acredito que cada um tenha seus motivos para não perder a fé, eu tinha os meus. Não haveria como perder a fé no Criador; Ele sempre esteve presente em minha vida, e nos momentos que pensava ser meu fim na carne, Ele enviava algum sinal, pois sempre o mantinha vivo em meu coração e mais uma vez eu fora surpreendido.

Coincidência o que estava para acontecer?... Acredito que não. Mas creio na plena sabedoria do Criador. E até hoje sinto que Ele já havia planejado isso.

Nunca perdi a fé

Lembro-me com riqueza do que aconteceu naquele dia. Eu estava sozinho, caminhava e fazia minhas preces. Pensava em todos os meus amigos, tanto os que conheci na carne quanto os que havia conhecido em espírito. Em meu mental agradecia por todos eles, pois fui muito bem acolhido e, após meu desencarne, não foi diferente, pois também fui bem recebido desde a parte do Plano Espiritual onde conheci Anselmo, Agenor e Cecília, até chegar naquele imenso lar, onde vivo até hoje com Seres de Grande Sabedoria.

Próximo de onde eu caminhava existia uma fonte de água e em sua volta alguns bancos. Ali fiquei a admirar a tudo e a todos que passavam. Era uma imagem muito linda, eu estava muito feliz e, durante essa minha felicidade, um senhor muito iluminado aproximou-se de mim.

Nunca havia visto aquele irmão em qualquer parte do plano por onde eu passara, mas ele parecia me conhecer.

Com grande sorriso, aquele senhor começou a conversar comigo:

– Olá, Barnabé! ... Atrapalho?

– De forma alguma, senhor! Estava fazendo uma prece, mas já terminei.

– Não precisa me chamar de senhor, Barnabé. Pode me chamar de amigo – disse ele sem olhar em minha direção. Seu corpo espiritual ainda estava coberto por uma intensa luz.

Não sabia o que ele tinha, mas estava disposto a ajudá-lo, caso precisasse.

– Como posso lhe ser útil, amigo? – perguntei a ele.

– Só vim admirar esse lindo espaço. Cheguei há pouco. Ainda estou a conhecer os lugares e os Seres deste imenso lar.

– É um prazer tê-lo entre nós!

– O prazer é meu, Barnabé! ... Percebo que tem ótimo gosto em fazer suas preces.

– Sim! Sinto-me muito bem quando fico em prece em lugares como este. Dentre todos neste imenso lar, aqui é onde mais sinto paz comigo mesmo e com nosso Criador.

– Tem razão! Este é um lindo lugar para se ficar, Barnabé. Se incomoda se eu ficar um pouco aqui? Gostaria de fazer uma prece, mas serei breve.

– De forma alguma! Este lugar é de todos nós! Fique o tempo que precisar!

Ele se ajoelhou, procurei ficar em silêncio para não atrapalhar, mas algo me deixou atento ao momento em que fazia sua prece... A forma como estava ajoelhado e os sinais que fizera. Joaquim fazia da mesma forma quando ficava embaixo da árvore na vila onde moramos e a forma como encostou a cabeça no banco era igual quando Joaquim encostava sua cabeça no toco.

Continuei sentado em silêncio, ainda em prece, aquele Ser pegou em uma de minhas mãos e apertou. Senti uma energia muito forte e, naquele momento, um sentimento de agradecimento tomou conta de mim e eu retribuí, fechei meus olhos e agradeci por seu lindo gesto para comigo.

Fiquei admirado com a intensa luz que o envolvia, queria agradecê-lo pelo gesto, mas não sabia se ele ainda estava em prece, então achei melhor aguardar.

Pouco depois ele se sentou ao meu lado, olhou em meus olhos, pude notar que sorria emocionado.

Eu não estava compreendendo nada, mas a forma como ele fez a prece e seu sorriso pareciam estar em meu mental há décadas.

Ele notou minha mudança repentina.

– Por que essa feição de espanto, Barnabé? – perguntou sorrindo.

– Desculpe-me. É que seus gestos e forma como fizera sua prece me fizeram lembrar de um grande amigo que tive quando estive na carne.

Ele sorriu e em seguida perguntou-me.

– E por acaso já o encontrou?

– Só em lembranças. Mas sinto que está bem. Ele fora um grande homem quando esteve na carne e creio que ainda é, independente do plano em que estiver. Sempre me lembro dele em minhas preces.

Cheguei a pensar que ele era um dos irmãos que já ouvira parte de minha vida na carne e sabia do amor que sentia por Joaquim, mas não era isso e, como sempre, aquele velho e grande amigo me surpreendera mais uma vez.

– Não tenho dúvidas de que sempre se lembra dele em suas preces, Barnabé. Foi por isso que agradeci quando peguei em sua mão.

– Tens conhecimento de minha vida na carne?! – perguntei surpreso.

– Não conheço toda sua vida na carne, Barnabé, mas o pouco que pude ver durante o tempo em que estou neste lindo lar espiritual foi o bastante para saber quem é este Ser tão iluminado à minha frente.

Minha incerteza só aumentava. Ele prosseguiu. – O pequeno menino que fora feito escravo com menos de doze anos de idade tornou-se grande mestre em magias com as ervas e nos cultos aos Orixás! E hoje está colhendo tudo o que plantou na carne... Estou muito feliz por você, meu grande amigo, Barnabé!

Foi nesse momento que a luz que o envolvia perdeu sua intensidade e ele plasmou em uma forma que pude reconhecê-lo.

– Joaquim?!... És tu, meu amigo?!

Ele sorriu e em seguida disse:

– Em uma de minhas vidas na carne chamava-me Joaquim e tive um grande amigo, cujo nome era Barnabé.

Acredito que não preciso dizer o sentimento que tive quando ele confirmou ser Joaquim. Depois de muitos anos, novamente eu estava ao lado dele, um grande amigo que me acolheu ainda pequeno e me ensinou grande parte de tudo que hoje sei... Joaquim fora como um pai para mim.

Eu estava muito emocionado; alguns irmãos se aproximavam para saber se estava tudo bem, Joaquim dizia que sim.

Depois de algum tempo, eu já estava mais calmo, pois Joaquim havia me tranquilizado com algumas palavras.

– Está mais calmo, Barnabé?

– Sim, meu amigo! E muito feliz por estar ao seu lado. Nosso Criador ouviu minhas preces!

– Não tenho dúvidas de que foram ouvidas, Barnabé! A prova disso é de que elas chegaram em meu mental.

– Ouvia minhas preces?

— Algumas pude ouvir, pois você me incluía nelas. Só não sei dizer quantas preces fez em meu nome. Perdi as contas – disse sorrindo.

— Foram muitas, meu amigo! Você mesmo ensinou-me que nunca devemos perder a fé. Sua grande sabedoria ajudou-me desde que eu era uma criança quase que indefesa.

— Sua fé e humildade que o ajudaram, Barnabé!

Conversamos por um longo tempo naquele dia. Tudo o que Joaquim falara me levava a crer que ele se lembrava de quase toda vida que passamos juntos.

Tempos depois, Joaquim contou-me que, após seu desencarne, ele não ficou muito tempo em espírito. Disse que teve um novo reencarne, não como escravo, mas sim como um grande conhecedor do Plano Espiritual e dos cultos aos Orixás. Ainda criança já gostava de dançar quando ouvia cantos e batuques, antes de completar trinta anos já conhecia magias com as ervas, louvava aos Orixás e iniciava a outros que queriam seguir e iniciar os cultos.

Ao longo dos anos, ele foi contando partes de sua última passagem na Terra, e a visão que eu tinha, conforme Joaquim narrava, era a mesma que sempre tive quando vivi com ele na carne... Joaquim teve a linda missão de manter acesa a chama do culto aos sagrados Orixás.

Início dos trabalhos na Sagrada Umbanda

Início do século XX. Ali começava uma nova crença religiosa, seria revelado aos olhos dos seres encarnados a sagrada Umbanda, a qual faria consultas por meio de espíritos de negros e índios, em sua maioria os que foram escravos e estes trariam amor, conhecimento, humildade e paz de espírito para os encarnados.

Não seriam apenas espíritos de negros e índios que iriam propagar a sagrada Umbanda, o propósito era bem mais do que isso. Hoje, além dos negros e índios, temos uma enorme legião de Guias espirituais de diferentes etnias que se identificaram com a crença e foram direcionados a fim de fazer a caridade.

No início desse mesmo século, alguns desses Guias de Luz começaram a se apresentar em Terra por meio de manifestações espirituais nos encarnados, dando assim início à Sagrada Umbanda. No começo, esses Guias espirituais começaram a orientar seus médiuns de como deveriam guiar os cultos dessa nova religião, mostrando assim que a Umbanda teve um fundamento. Nessa mesma época começaram a ser construídas casas para consultas e, hoje, estas são conhecidas como terreiros de Umbanda, onde muitos desses Guias espirituais trabalham fazendo a caridade.

A maior parte desses Guias de luz faz consultas apenas para levar um pouco de paz de espírito e amor a quem precisa, mas se notam que um Ser encarnado fora vítima de alguma maldade espiritual e não mereça passar por tal sofrimento, esses Guias não deixam de usar seus conhecimento e magias para ajudar, mas desde que a pessoa não esteja sendo cobrada pela Lei Maior.

Essa era a missão de muitos dos Guias de Luz que estavam no mesmo Plano Espiritual em que eu estava... Fazer a caridade por intermédio da Umbanda.

Minha missão e a de Joaquim não foram diferentes, aliás, já estávamos cientes do que teríamos de fazer. Assim como na carne, iríamos manter acesa a chama do culto aos Orixás, e isso é feito até os dias de hoje.

Tudo o que aprendi, tanto encarnado como em espírito, uso para levar um pouco de amor e paz a quem precisa.

Diálogo com o autor

— Bem, isso é tudo que Preto-Velho pode contar neste momento, filho.
— Eu agradeço, meu Pai! Pelo que pude entender da vida que o Senhor teve na carne e em espírito, só me leva a crer que gosta muito do que faz.
— Sim! Preto faz com amor! Desde quando era escravo já gostava, e carrego isso em minha essência até hoje! Onde for preciso levar uma palavra de amor e fé, ali estarei, sempre respeitando os limites da casa e a lei do Criador Maior, pois me sinto bem quando uso palavras ou até mesmo mandingas para ajudar os que estão na carne. Muitos Guias de luz fazem da mesma forma, pois cada um tem sua missão e as cumprem de acordo com a lei, não importa o tempo e a hora, desde que nosso Pai Maior permita.
— Eu acredito nisso, meu Pai! Assim como o Senhor, todos os Guias de luz carregam grande sabedoria, e pude notar isso em suas histórias de vida. Parece que fazem sem se preocupar com o tempo ou se terão que permanecer em espírito ou até mesmo voltar à carne.
— Só o Criador sabe o tempo de cada Ser, filho! Enquanto for permitido, continuarei nesta missão, mantendo acesa essa linda chama! E, se for preciso que eu volte à carne para ajudar a outros, que assim seja, se essa for a vontade de nosso Pai Maior. Em casos como esse, o importante de tudo é saber que o reencarne é provido por Ele e, se algo vem com sua outorga, não temos com que nos preocupar, mas sim ter fé e acreditar em sua plena sabedoria, pois Ele tem o conhecimento de todas as nossas vidas, conhece nossos passos e o limite de cada Ser. Essa é a verdade! Pois assim como muitos Seres de Luz, eu também sou a prova viva em espírito do amor que o Criador

tem por suas criações e por suas divindades sagradas... Compreendeu, filho?

– Sim, meu pai!

– Muito bem! ... Quer fazer alguma pergunta?

– Apenas uma: Durante vossa narrativa, o Senhor disse que tentou ajudar um homem em desequilíbrio que estava à procura de seu pai, mas infelizmente ele não o escutou... O que aconteceu com ele?

– Sim! O nome dele era Nestor. Hoje, Nestor tem uma missão muito importante na Umbanda: trabalha como Guardião do Cemitério! Mas antes de se tornar um Exu Guardião, Nestor teve uma vida em carne de total desequilíbrio e, como consequência, fora atormentado por espíritos obsessores durante muitos anos e não foi diferente após sua morte, pois ele ficou servindo como escravo de espíritos trevosos e, além disso, sofreu muitas torturas nas mãos deles. Em consequência de sua obsessão, muitos acabaram sofrendo, e quando viu toda a verdade sobre o que acontecera com seu pai, já era tarde, pois já havia cometido atrocidades quando estivera na carne e não restara mais nada, a não ser ir em busca do perdão divino. Nestor passou anos pagando por todos os males que causou a vidas alheias, mas graças à sua fé, hoje ele se encontra regido pela força da lei e faz um belo trabalho como Exu Guardião... Isso é tudo o que posso falar neste momento, filho, mas fique atento aos sinais, pois logo receberá essa história... E creio que o próprio Nestor se apresentará para narrar a você.

Fim.

MADRAS® Editora — CADASTRO/MALA DIRETA

Envie este cadastro preenchido e passará a receber informações dos nossos lançamentos, nas áreas que determinar.

Nome _____
RG _____ CPF _____
Endereço Residencial _____
Bairro _____ Cidade _____ Estado ____
CEP _____ Fone _____
E-mail _____
Sexo ❑ Fem. ❑ Masc.   Nascimento _____
Profissão _____ Escolaridade (Nível/Curso) _____

Você compra livros:
❑ livrarias ❑ feiras ❑ telefone ❑ Sedex livro (reembolso postal mais rápido)
❑ outros: _____

Quais os tipos de literatura que você lê:
❑ Jurídicos ❑ Pedagogia ❑ Business ❑ Romances/espíritas
❑ Esoterismo ❑ Psicologia ❑ Saúde ❑ Espíritas/doutrinas
❑ Bruxaria ❑ Autoajuda ❑ Maçonaria ❑ Outros:

Qual a sua opinião a respeito desta obra? _____
_____

Indique amigos que gostariam de receber MALA DIRETA:
Nome _____
Endereço Residencial _____
Bairro _____ Cidade _____ CEP _____

Nome do livro adquirido: Relatos de um Preto-Velho

Para receber catálogos, lista de preços e outras informações, escreva para:

MADRAS EDITORA LTDA.
Rua Paulo Gonçalves, 88 – Santana – 02403-020 – São Paulo/SP
Caixa Postal 12183 – CEP 02013-970 – SP
Tel.: (11) 2281-5555 – Fax.:(11) 2959-3090
www.madras.com.br

MADRAS® Editora

Para mais informações sobre a Madras Editora,
sua história no mercado editorial
e seu catálogo de títulos publicados:

Entre e cadastre-se no site:

www.madras.com.br

Para mensagens, parcerias, sugestões e dúvidas, mande-nos um e-mail:

marketing@madras.com.br

SAIBA MAIS

Saiba mais sobre nossos lançamentos,
autores e eventos seguindo-nos no facebook e twitter:

@madrased

/madraseditora